# A GUERRILHA BRANCALEONE

CLAUDIO WEYNE GUTIERREZ

# A GUERRILHA BRANCALEONE

Editora Sulina

Copyright © Claudio Weyne Gutierrez, 2022.

**CAPA E PROJETO GRÁFICO**
Cintia Belloc

**REVISÃO**
Simone Ceré

**EDITOR**
Luis Antonio Paim Gomes

Dados Internacionais de Catalogação na Publicação (CIP)
Bibliotecária responsável: Denise Mari de Andrade Souza CRB 10/960

G984g    Gutierrez, Claudio Weyne
        A guerrilha brancaleone / Claudio Weyne Gutierrez. –
        Porto Alegre: Sulina, 2022.
        152 p.; 14x21cm.

        ISBN: 978-65-5759-066-9

        1.História do Brasil. 2. Ditadura Militar. 3. Biografia. 4.
        Movimento Estudantil – Resistência. 5. Rio Grande do Sul
        – Ditadura Militar. I. Título.

CDU: 929
981
CDD: 981

Todos os direitos desta edição reservados à
**EDITORA MERIDIONAL LTDA.**
Rua Leopoldo Bier, 644 – 4º andar
CEP: 90620-100 – Porto Alegre – RS
Tel.: (51) 3110-9801
sulina@editorasulina.com.br
www.editorasulina.com.br

Maio/2022
Impresso no Brasil/*Printed in Brazil*

Dedico este breve depoimento às novas gerações,
particularmente aos meus filhos: Claudio Tito,
Nicolas Pedro, Carolina, Letícia e Priscilla.


A Luiz Eurico Tejera Lisbôa.
Ao recordá-lo, homenageio os milhares de mortos e
desaparecidos vítimas das ditaduras do Cone Sul.


*In memoriam*
Horácio Goulart, Paulo Roberto Telles Franck e
Marcos Faerman, com os quais, em diferentes
momentos, compartilhei sonhos e bares.

9 Prefácio
*Enrique Serra Padrós*

23 Do bairro Bom Fim à Noruega

33 Do ano do rato ao Golpe Militar

45 1967 – A revolta do Julinho

57 Da base do Julinho à Dissidência

77 Formando o Exército Brancaleone

87 1968 – O povo armado derruba a ditadura

103 A crise foquista e as fronteiras do Sul

117 América Brancaleone

139 Da Noruega ao Bom Fim

145 Mais além de Nor-Shipping

# Prefácio
*Enrique Serra Padrós*[1]

Conheci Claudio Gutierrez, "Guta", em 1998, em uma atividade que a gente desenvolveu no Campus da Universidade Federal do Rio Grande do Sul (UFRGS) e cuja temática central eram os acontecimentos de 1968. Desta mesma atividade participou também o companheiro José Loguércio e lembro de falas muito marcantes impactando os jovens estudantes que acompanhavam o painel daquela noite, em um momento em que ainda pouco sabíamos, estudávamos ou conhecíamos sobre muitos dos acontecimentos ocorridos durante a ditadura de segurança nacional em território brasileiro. A explanação dos convidados foi riquíssima, não só quanto a uma avaliação conjuntural nacional, quanto a muitas informações que se referiam ao Rio Grande do Sul, particularmente a Porto Alegre, como quanto à juventude

---

1. Este prefácio foi o último texto produzido pelo professor de História da UFRGS Enrique Serra Padrós, falecido em dezembro de 2021. Mesmo enfrentando as dificuldades de uma internação, Enrique fez questão de concluir o trabalho, contando com o auxílio da sua orientanda Letícia Wickert Fernandes e da professora Patrícia da Costa Machado, que transcreveram os áudios gravados e revisaram o texto deixado por ele.

da época, à política estudantil, ao dia a dia dos embates entre o poder repressivo e os setores que procuravam manifestar seu descontentamento político e social.

Aquela atividade foi mediada por um amigo do Guta, Luís Eduardo Hall, meu aluno na época. Uma das grandes qualidades do relato de Claudio Gutierrez é que ele permite apreender e visualizar o que eram os labirintos do Cone Sul, labirintos esses que Gutierrez atravessou como itinerários da sua própria trajetória dentro de uma cartografia que se iniciava em Porto Alegre, se estendendo pelo Rio Grande do Sul e por algumas regiões do Brasil, que o levaram posteriormente a circular por países de realidades aparentemente diferentes, como o Uruguai, a Bolívia e o Chile, todos marcados por situações de extrema tensão social e que, de certa maneira, mostravam uma realidade comum, latino-americana e terceiro-mundista, num contexto muito específico das relações imperialistas que se estabeleciam na região, particularmente dos Estados Unidos com o resto do continente americano, onde mazelas sociais, como a terrível desigualdade social, eram acompanhadas de ativa militância e luta social em defesa dos direitos que vinham sendo negados. Por outro lado, a hegemonia do capital internacional e da burguesia nacional associada tentava encaminhar um novo projeto de dependência econômica de acordo com as novas necessidades do capital. Um fato fundamental se atravessou como um relâmpago, abalando esse pano de fundo: a Revolução Cubana, seus desdobramentos imediatos e o impacto produzido em toda a região em tempos de Guerra Fria.

A obra de Gutierrez também tem uma marca muito própria, que foi muito marcante para os leitores que se debruçaram sobre ela no momento do seu lançamento e que se iluminava pelas informações que ele trazia de uma geografia urbana reconhecida por muitos: a cidade de Porto Alegre; dentro de âmbitos geográficos, ocorriam as interações juvenis, portanto o movimento estudantil secundarista e universitário; por outro lado, também os locais de boemia, alvo de convivência desses mesmos jovens estudantes com as suas inquietudes de interação social, intercâmbio cultural e de vivência da própria existência. Nas suas páginas, encontramos referências ao grande entorno formado pela Universidade Federal do Rio Grande do Sul: a Redenção, os bairros Cidade Baixa e Bom Fim e também os *points* da época, como o bar "Fedor", o Clube de Cultura, o Cine Baltimore, o Colégio Estadual Júlio de Castilhos (o "Julinho"), o Instituto de Educação, etc. O bairro Centro concentrava o local onde estavam instaladas boa parte das estruturas governamentais coercitivas que faziam parte ou que complementavam esse cenário cotidiano de resistência, luta e opressão.

Os itinerários de Claudio Gutierrez através dos labirintos do Cone Sul, atravessando fronteiras perigosas sem documentos, às vezes sem contato, sabendo do que lhe esperava se fosse clandestinamente detectado e entregue às autoridades da ditadura brasileira, se confundem com o nebuloso cenário pré-Operação Condor. Esta começa a ter vida efetiva no final de 1975, em termos formais, mas parte das suas estruturas de colaboração internacional de governos próximos quanto a questões ideológicas, percepções do inimigo interno e conexões já existentes no nível das Forças Armadas (costuradas, direta ou indiretamente, pelos ensinamentos da Escola das Américas). Claudio Gutierrez descobriu na prática a existência dessa estrutura repressiva que, posteriormente, se tornaria parte vital do Terrorismo de Estado e parte constitutiva desse grande operativo de destruição política, humana e psicológica que assolou todo o Cone Sul.

As páginas em que relata essa experiência nesse mergulho direto "no olho do furacão", e estratagema para burlar a situação, estão entre as mais dramáticas da obra. Decidido a não permanecer no Rio Grande do Sul, pois era alvo perceptível dos organismos de inteligência e de informação, Guta optou por deslocar-se até o Uruguai, avaliando que a condição de filho de cidadão uruguaio poderia facilitar o direito de asilo e possibilitar o encontro de um refúgio temporário, onde pudesse rever, repensar e rearticular-se com outros companheiros.

O Uruguai, desde a Segunda Guerra Mundial, era considerado um país de acolhida de exilados; lá estavam exilados paraguaios, os da República Espanhola, muitos judeus perseguidos no período pré e durante a Segunda Guerra, também bolivianos e, entre tantos outros, boa parte daquilo que havia sido o núcleo dirigente do governo João Goulart e brasileiros pertencentes a outras organizações políticas, que haviam encontrado, em território uruguaio, uma espécie de santuário onde podiam sentir certas liberdades que no Brasil lhes eram totalmente proibidas. Gutierrez imaginava reencontrar e somar-se, desde o exterior, à resistência contra a ditadura brasileira.

Contudo, no Uruguai do presidente Jorge Pacheco Areco, o intercâmbio de informações sobre "subversivos", sobretudo através da embaixada brasileira no país, era uma intensa e temível plataforma de espionagem e intervenção direta e indireta em território uruguaio, através de pressões diplomáticas, políticas, econômicas e até militares, particularmente com a pretensão de ter o controle sobre a mobilidade e a perda de liberdade, portanto em posição de restrições à liberdade da comunidade brasileira que ainda permanecia no Uruguai no final dos anos 1960. Isso era um processo que havia se iniciado anos antes com a atuação e havia sido criado sob a iniciativa do embaixador Manoel Pio Corrêa, que posteriormente criou, enquanto Ministro de Relações Exteriores, o nefasto Centro de Informações do Exterior (CIEX), baseado na experiência da sua gestão no Uruguai, visando ao controle, ao cerceamento de movimentos e até à repressão direta contra o exílio brasileiro organizado.

Portanto, além de perseguido político, Gutierrez conviveu com o exílio, sofrendo aquelas dificuldades que são relatadas por milhares de brasileiros quando falam desse período tão duro, muitas vezes ignorado pela sociedade brasileira, que acaba mensurando outras formas repressivas como mais "duras" do que a experiência exilar. Mesmo sabendo que o exílio é composto de experiências muito variáveis, e até individuais, ser obrigado a ficar fora diante da incerteza total de sobrevivência no país de origem acaba trazendo situações de distanciamento geográfico, afetivo e profissional, muitas delas insuperáveis, formadoras de sujeitos híbridos no mundo, com enorme dificuldade de reencontrar a si mesmos, com perda de valores e referenciais identitários essenciais.

O relato de Gutierrez é muito generoso ao reconhecer dezenas de protagonistas dessa particular história, e também aloca a centralidade de uma instituição que marca a história do Rio Grande do Sul, particularmente de Porto Alegre, durante a ditadura: o Colégio Estadual Júlio de Castilhos, carinhosamente chamado de "Julinho". Desde a década de 1950, mas sobretudo a partir dos anos 1960, foi o epicentro de inúmeras ações, atividades, manifestações culturais e políticas, irradiando-se por muitos bairros de Porto Alegre. A atuação do seu Grêmio Estudantil, de seus docentes e funcionários conformou gerações de estudantes politizados. Parte da comunidade Juliana, diante do tacão da ditadura, sempre teve um ativismo político gremial muito forte, sendo liderança e referência para a atuação de outras escolas. Assim, não surpreende que muitos atos contra a ditadura nos anos 1960 tenham tido com ponto de partida a Praça Piratini, em frente ao Julinho, espaço público de concentrações estudantis e manifestações que percorriam itinerários variados, que quase invariavelmente confluíam para o centro da cidade, onde estavam os símbolos do poder instituído pela ditadura, apresentando suas denúncias, descontentamentos e buscando também angariar simpatia dos cidadãos porto-alegrenses.

O grêmio de estudantes do Julinho foi um centro muito ativo nesse sentido, e Gutierrez o apresenta como espaço de disputa interna, demonstrando a vitalidade do movimento estudantil e como os estudantes e setores, nem sempre majoritários, conseguiam incomodar as autoridades e funcionários da ditadura, inclusive aqueles presentes dentro da própria escola. Obviamente que a política estudantil não ficava restrita ao grêmio do Julinho, mas sua influência extrapolava a outros organismos de alcance porto-alegrense ou sul-rio-grandense, com várias pontes vinculadas também à própria UNE. A riqueza do resgate que *A Guerrilha Brancaleone* faz desse movimento é, inegavelmente, um dos seus grandes aportes e foi ponto de partida de diversos estudos, dissertações de mestrado e pesquisas centradas no movimento estudantil gaúcho como elemento central na luta contra a ditadura e na resistência, apesar dos 21 anos de Terrorismo de Estado no país e no estado.

Há, no relato de Claudio Gutierrez, também a dissecção daquilo que foram as disputas internas nas organizações de esquerda, tanto político-partidárias quanto estudantis, a partir do momento em que a ditadura se consolida. Fica claro o descontentamento de uma série de jovens diante das posturas rígidas e consideradas insuficientes de estruturas partidárias antigas e anteriores que apostavam em estratégias de longo prazo, que não conseguiam cativar parte das novas gerações, as quais percebiam, talvez muito marcadas pelo impacto cubano, a necessidade de tomar iniciativas mais imediatas e de assumir o protagonismo dos acontecimentos. É a partir desse tipo de configuração que se verificam as disputas internas dentro do Partido Comunista Brasileiro, o "Partidão", e a formação de dissidências como fenômeno nacional. Aqui está a origem da conformação de um grupo que terá pretensão de assumir o protagonismo dentro de uma certa lógica de luta armada, com evidências de muita inexperiência e amadorismo, mas que, por outro lado, mostrava o idealismo, a ousadia e a determinação desses jovens no sentido de marcar, com a sua participação, uma luta que percebiam que estava acontecendo em outras regiões do país, da América Latina e do Terceiro Mundo, e da qual pretendiam fazer parte diretamente. O nome da Guerrilha Brancaleone, alusão a um filme de muito sucesso da década de 1960, do diretor italiano Mario Monicelli, acabou sendo um mote que derivou com uma espécie de crítica ou deboche diante do que foi entendido como algo ingênuo ou quixotesco, até pelo insucesso de boa parte das ações realizadas. De qualquer maneira, eles fazem parte da história da resistência, da dignidade desta cidade e da tentativa de articular e fortalecer vínculos com outras organizações políticas do interior e de fora do estado, a fim de constituir alianças mais fortes.

O relato de Gutierrez também possui uma característica que é comum a outras obras memorialísticas sobre o período, ou seja, a abordagem de temas e elementos muito dramáticos, até pelos desdobramentos e resultados, como as perdas irreparáveis de amigos, companheiros e companheiras, marcas das prisões e torturas, situações de muita dor em relação aos vínculos familiares, à clandestinidade, etc. Uma estratégia narrativa que auxiliou autores como Guta a pôr no papel as suas memórias foi o uso do humor e da ironia, que, além de tornar mais fluidas certas reflexões, coloca o reconhecimento das próprias limitações e funciona também com uma autocrítica, o que contribui para matizar as passagens marcadas pela dor e pelo trauma.

Por outro lado, Guta não romanceia os fatos, se expõe dentro de uma difícil aprendizagem de radicalização política e de embrionária luta armada. Os improvisos, a sorte e o azar e a dificuldade de antever e avaliar o movimento dos outros foram fatores também explicativos do desenrolar dos acontecimentos. Muita coisa se aprendeu na prática, mas faltou tempo para aprender tantas outras, pois a ação da repressão não permitiu. De certa maneira, isso aconteceu com os Brancaleone, que antes de poderem se constituir como uma organização mais corporificada, precavida e experiente, sofreram o impacto repressivo, que, no Rio Grande do Sul (pelo histórico trabalhismo e por ser uma zona de fronteira), praticamente dizimou as organizações de resistência, prendendo dezenas de militantes e obrigando tantos outros a partir para a clandestinidade e para fora do estado como forma de sobreviver. A experiência Brancaleone teve curto fôlego em si, mas foi o ponto de partida da trajetória de vários militantes que se espalharam pelo resto do país com distinta sorte; muitos dos que sobreviveram se engajaram posteriormente na luta pela Anistia, atuando ativamente na pressão final contra a ditadura.

Gutierrez é expressão e síntese de tudo isso, fala de suas perdas individuais e das coletivas e geracionais, conta da dor das perdas e desses traumas que não têm fim, tragédias potencializadas quando as pessoas se encontram completamente indefesas no meio da violência estatal desenfreada, que impede despedidas, reencontros, abraços e solidariedades. O livro de Gutierrez também é isso. O que marca o humor de suas páginas de forma alguma apequena o tamanho do drama produzido pelos criminosos de lesa humanidade que agiram com total impunidade, com a colaboração das polícias e o exército de outros países, e com a colaboração "dedo-durista" dos que se beneficiaram com tal situação, infiltrados nas escolas, no movimento estudantil, nas relações mais próximas de cada um. Não há nenhuma forma de reparação histórica que possa mensurar as perdas sofridas e o preço pago por tudo isso.

Claudio Gutierrez, ao voltar ao Brasil, integrou-se à luta política que marcou os anos finais da ditadura. Além de tudo que significa a necessidade de reconstituir a sua própria vida e reencontrar-se com seus fantasmas, as perdas, as lacunas, o tempo perdido, com aquilo que já não existe mais ou que já não tem mais o mesmo significado, porque ele ao voltar também já não é mais quem partiu, Guta se jogou na luta pela redemocratização do país, o empurrão definitivo contra esta ditadura que ainda perdura como uma doença interminável que continua reprimindo até os seus últimos dias. A partir daí, encontra outra área de atuação, não só na atuação político-partidária, através da qual volta a reencontrar-se consigo mesmo, mas, sobretudo, assume o compromisso de muitos outros da sua geração que incorporam na sua luta diária uma questão ética fundamental: a recuperação da memória e da história, da luta contra o esquecimento, da verdade histórica e do protagonismo daqueles e daquelas que perderam a vida durante os anos de chumbo no Brasil.

Gutierrez incorpora organicamente as declarações de direitos humanos, em especial as que dizem respeito à luta pela memória, pela história, pela verdade, pela justiça e pela reparação. Ao articular-se com seus ex-companheiros e com outros que vai conhecendo em novas caminhadas, passa a integrar associações como os coletivos de ex-presos políticos, o Comitê do Acervo da Luta Contra a Ditadura e tantos outros onde atuará apresentando iniciativas, debatendo, procurando mobilizar, participando de políticas públicas de memória, sobretudo em uma época na qual, em nível federal, o que predomina são as políticas de desmemória, de esquecimento, de silêncio e de impunidade, essa marca registrada e estrutural na história do Brasil.

Portanto, a vida de Gutierrez mostra essa coerência de preocupações plasmada na obra que nos apresenta, que tem continuidade até os dias de hoje, porque Gutierrez é um cidadão que permanentemente assume lados no embate político, e se coloca sempre ao lado daquelas causas que, particularmente no tema dos direitos humanos, procuram resgatar, ampliar e tornar universal direitos que são negados pelo poder do capital, daqueles que o controlam e dos seus adeptos.

Apesar de todos os percalços, a vida não modificou essa postura que incorporou quando era jovem estudante do Colégio Júlio de Castilhos e um militante do Partido Comunista, mostrando, diferentemente do que muitos dizem, que não é necessário aburguesar ou burocratizar as consciências. O tempo permite que as pessoas continuem encontrando novas formas de luta para manifestar a sua coerência, a luta incondicional pelas suas convicções.[2]

Uma última faceta que eu quero resgatar do Guta é o enorme papel que ele desempenhou auxiliando, educando e se mostrando solidário com centenas e talvez milhares de estudantes e jovens interessados nos temas interditados para muitos deles. A partir de sua participação e intervenção em dezenas de atividades acadêmicas, escolares, sindicais, de bairro, Gutierrez sempre procurou levar as suas lembranças, experiências, memórias e a sua interpretação a todos aqueles que desconheciam a existência da essência do que foi a ditadura, ou então que, de repente, tinham informações muito parciais, superficiais ou enviesadas a partir da lógica de uma história oficial contada sobretudo pelas obras militares e apologéticas daqueles que se locupletaram durante aquele

---

2. A partir deste ponto, o texto original não possui mais anotações de revisão do professor Enrique Serra Padrós. A revisão, realizada por Patrícia da Costa Machado e Letícia Wickert Fernandes, compreendeu correções gramaticais, buscando manter a estrutura do seu texto e de sua argumentação.

período. Claudio Gutierrez é uma daquelas pessoas, como outras, que de forma muito generosa, abnegada, solidária e persistente sempre estiveram disponíveis para atender as demandas que partiram desses lugares de curiosidade, inquietação e conhecimento. Particularmente, quero dizer que Guta foi parceirão em dezenas de atividades que, junto com o meu povo (meus alunos e alunas em cada contexto) e alguns colegas, organizamos. Estivemos juntos em atividades na UFRGS em seus diversos espaços, como no Instituto de Filosofia e Ciências Humanas, na reitoria, no Museu, em outras Faculdades, além de outros espaços, como em eventos no Arquivo Histórico, no Arquivo Público, na PUCRS, na FAPA, no Instituto Mário Alves de Pelotas, em Fóruns Sociais Mundiais, em atividades do Acervo da Luta Contra a Ditadura, junto ao Memorial dos Desaparecidos, e tantas outras. Certamente que faltam mais registros, que ficam aqui só como exemplo dessa enorme participação do Gutierrez, junto a outros profissionais, estudantes e sempre com muita qualidade, carinho, com algum sorriso. Lembro, particularmente, uma atividade muito bonita da qual ele participou no Colégio Júlio de Castilhos com Suzana Lisbôa e Carlos Alberto "Minhoca" de Ré, estando presentes três dos grandes estudantes do Julinho. Naquele sábado pela manhã, eles falaram com uma turma de estudantes de História da UFRGS, e percorreram salas e corredores, estranhando algumas modificações estruturais e encontrando com jovens militantes da escola e de seu grêmio estudantil. Esse é apenas um dos momentos mágicos e únicos que eu posso contar como marcante, um registro do perfil de educador e professor de Guta, alguém que, sabendo que trazia o conjunto das suas lembranças e, portanto, das suas interpretações, o fazia de maneira franca, aberta ao debate, às críticas, enfrentando as contradições e nunca se furtando a alguma resposta ou observação. Da mesma forma, participou de eventos organizados em conjunto com o jornal *A Folha da História*, realizados na sede do CPERS e no Clube de Cultura, e na própria sede da publicação, quando existiu, lá na virada dos anos 2000.

Apesar do livro de Claudio Gutierrez ser de autoria individual, trata-se de uma obra que fala de outros protagonistas, deixando pistas, brechas, roteiros para aprofundar muitas e muitas histórias. Quer dizer que são sujeitos protagonistas desses seus diversos itinerários pessoas como Luiz Eurico Lisbôa, Suzana Lisbôa, Carlos Alberto "Minhoca" de Ré, Nilton Rosa – o "Bem Bolado" –, que morreu no Chile, Jorge Basso, que foi sequestrado na Argentina, o casal de namorados Luiz Andrea Favero (que foi presidente da UGES) e Izabel Dedavid Favero, informações sobre alguns professores do Julinho, informações sobre alguns estudantes universitários que também tiveram protagonismo na própria UFRGS, e algumas outras pessoas citadas que tiveram importância pontual ou permanente em determinados contextos desse período. Também há registro do nome de alguns brasileiros com os quais Claudio Gutierrez se envolveu no Uruguai e cujas trajetórias também são um pouco indefinidas, que se perdem na passagem do tempo, e que seria muito importante de resgatar.

Em síntese, *A Guerrilha Brancaleone* é uma belíssima porta de entrada para descobrir uma Porto Alegre em tempos de ditadura, em tempos pré-AI-5, uma cidade que se espraia em algumas regiões do Rio Grande do Sul, muito focada em algumas instituições de ensino e culturais, como o caso do Teatro da Arena, por exemplo, ou até em alguns locais de boemia, o que dá uma noção muito aproximada do que eram os interesses, as formas de sociabilidade, a maneira de enxergar o mundo a partir de uma cidade muito pacata, muito provinciana e que, entretanto, também foi abalada pelos acontecimentos não só locais, mas também internacionais da época. Aparece a Porto Alegre das grandes manifestações, dos momentos de resistência e de repressão, e aparece, sobretudo, as ideias que moviam muitos desses jovens que buscavam um protagonismo nas mudanças necessárias, mas cujas consequências não poderiam imaginar, dado o impacto profundo da repressão, que perseguiu a ousadia de lutar por um mundo melhor. Não foram apenas as formas repressivas no sentido físico, mas o pensamento conservador, a castração mental imposta por uma combinação de fatores, muitos deles originários da Doutrina de Segurança Nacional, que passavam também pelo integrismo religioso, pelo racismo estrutural existente na sociedade brasileira e pelas diversas formas de violência simbólica (e nem tão simbólica) que marcavam 500 anos de história do país. Eles eram sensíveis a tudo isso. Talvez não soubessem como nomear esses sentimentos, mas tinham a percepção e uma sensibilidade de que isso não era justo e que eram importantes mudanças.

A obra de Gutierrez, em tempos de nova onda de violência estatal, de persistência de um pensamento raso, superficial e criminoso, pela apologia dos crimes de lesa humanidade, continua sendo vital, não só em razão dos belos (e tristes) momentos de leitura para aqueles que são contemporâneos dos fatos, mas pelas inúmeras janelas que abrirá, possibilitando que as novas gerações mergulhem em perguntas ali esboçadas que até hoje não foram tocadas e, consequentemente, busquem novas respostas referentes ao contexto vivido por Guta e tantos outros. No seu momento de publicação original, *A Guerrilha Brancaleone* foi uma lufada de oxigenação diante do desconcerto das gerações mais novas, pelo desconhecimento que sofriam em decorrência das políticas de ensino institucionais, que inviabilizavam o conhecimento dos fatos ocorridos em período tão recente da história. Pois bem. Vinte anos depois daquele lançamento, a obra de Claudio Gutierrez continua sendo um instrumento de luta por verdade, memória, justiça e reparação, pela luta contra o esquecimento, pelo resgate de todos e todas aquelas que foram vítimas diretas ou indiretas da ditadura, mas, por outro lado, também é uma obra a favor de uma sociedade mais justa, de uma democracia igualitária e de uma postura que se coloca nas antípodas daquilo que é apregoado pelo neoliberalismo e pelas suas outras formas derivadas de apologia do individualismo de cada um por si e de que o que interessa mesmo é o sucesso individual.

*A Guerrilha Brancaleone* nada mais é do que a síntese da possibilidade da construção de um projeto de convivência coletiva em épocas duríssimas, e onde, apesar de tudo, havia um horizonte de expectativa de que a felicidade e a igualdade social poderiam ser objeto de conquista para as gerações futuras, o que, obviamente, contrasta terrivelmente com aquilo que encontramos nos dias de hoje. Enquanto essa injustiça persistir, enquanto o Terrorismo de Estado em tempos de ditadura ou democracia persistir, livros e mensagens como as de Claudio Gutierrez continuarão sendo libertadores e inspiradores, balizas para não perdermos o norte, o caminho das utopias, da Utopia onde todos possamos viver de maneira mais digna, onde a dignidade seja para todos e não somente para aqueles que detêm o poder de tudo aquilo que capital compra, corrompe e apodrece.

# Do bairro Bom Fim à Noruega

Porto Alegre, Centro Comercial Praia de Belas, dia 29 de março de 1998, domingo, 18h30[3]. O tradicional reduto dos adolescentes de camada média, das paqueras e dos encontros tem um público diferente. Jovens, moços e moças, quase em sua totalidade negros ou mulatos, conversam, namoram e passeiam pelos corredores. São, em sua maioria, moradores da Vila Cruzeiro, da Restinga e de outros bairros da periferia que adotaram os hábitos dos adolescentes de maior poder aquisitivo, geralmente brancos descendentes de europeus. Vestem os mesmos uniformes, calçam tênis de grife, não importa se comprados em lojas ou em camelôs. Os adolescentes pobres da periferia da cidade têm outra razão para estarem, em massa, visitando o "Praia de Belas": no último domingo do mês, os usuários de ônibus não pagam passagem na cidade de Porto Alegre. As mesas ocupadas nos bares e lancherias, onde predominam amplamente os brancos descendentes de

---

3. Nota do autor: A presente reedição respeita o texto da 1ª edição de *A Guerrilha Brancaleone*. Notas de rodapé procuram situar o leitor sobre os fatos narrados e personagens citados.

europeus, mostram o país campeão da desigualdade de renda e da exclusão social e racial.

Um dia antes, no sábado 28 de março de 1998, fazia trinta anos do assassinato, na cidade do Rio de Janeiro, do estudante Edson Luís de Lima Souto. Os jovens de então viviam em meio a um regime militar, e a industrialização e urbanização do País faziam surgir um incipiente consumo de massas. O jeans começava a impor-se, os guides topa-tudo e as camisas quadriculadas eram uniformes usuais, os cabelos cresciam e as saias encurtavam. A rebelião contra o autoritarismo foi a marca de uma parcela significativa daquela geração.

No Brasil atual, dos direitos desiguais, algo avançamos, mas há muito por fazer. Assim foi também com o fim do arbítrio e a conquista do estado de direito. A União e alguns estados da Federação apresentaram leis que buscam compensar financeiramente as vítimas do terror do estado durante a ditadura militar. Foi encaminhada durante o governo do presidente Itamar Franco e aprovada no início do primeiro governo Fernando Henrique a Lei das Indenizações aos Familiares dos Mortos e Desaparecidos. Alguns Estados – o Rio Grande do Sul durante o governo Antônio Britto – aprovaram leis que beneficiaram os presos e perseguidos políticos que sofreram maus-tratos e torturas durante a ditadura.

Os arquivos político-criminais com registros dos que se opuseram à ditadura militar são uma realidade que desafia a nossa ainda frágil democracia. O Sistema de Informações, remanescente anacrônico da Guerra Fria e da Doutrina de Segurança Nacional, tinha seu centro nevrálgico no Serviço Nacional de Informações (SNI). Os arquivos do SNI eram atualizados pelos departamentos de inteligência das secretarias de segurança estaduais, das polícias militares e civis, assim como das seções existentes nas principais repartições públicas e nas estatais. O

Sistema sobreviveu à democratização, ao ocaso da Guerra Fria e, inclusive, ao fim do SNI, decretado por Fernando Collor de Mello, em 1991. Demonstrativa da busca de perenidade do Sistema de Informações é a luta que travamos no Rio Grande do Sul, notoriamente um Estado politizado e onde a esquerda tem uma força significativa, pelo seu fim. Se esta é nossa realidade, é fácil imaginar o que acontece nas instâncias federais e nos demais Estados brasileiros. Tenho a convicção de que, para muitos que lutaram contra a ditadura, principalmente em organizações qualificadas então como terroristas, os fantasmas do passado estão vivos e são constantemente alimentados nos discos magnéticos de computadores.

Trabalho na Câmara Municipal de Porto Alegre com o vereador Lauro Hagemann. No início da década de 1990, fomos acumulando indicativos de que os dados dos arquivos políticos da ditadura militar brasileira continuavam sendo utilizados pelos órgãos de segurança. Durante o governo Alceu Collares, pressionamos, através da Assembleia Legislativa, para que os arquivos políticos da Secretaria de Segurança, do DCI e da PM-2, assim como os do extinto Departamento de Ordem Política e Social (Dops), fossem transferidos para o Arquivo Público. Reafirmou-se a versão, parcialmente correta, de que os arquivos do Dops tinham sido queimados no governo Amaral de Souza, em 1982. Alceu Collares reuniu as fichas datiloscópicas e os resquícios dos arquivos da ditadura que existiam nas delegacias do interior e os remeteu para análise da Comissão de Direitos Humanos da Assembleia e, posteriormente, ao Arquivo Público. Na ocasião, descobrimos que para os órgãos de segurança – os chamados serviços de inteligência – continuava vigente toda a parafernália legislativa do período militar como os "decretos-secretos" da pena do ilustre jurista Armando Falcão e outros. Essas eram as leis dos serviços de inteligência.

Já durante o governo de Antônio Britto, ao renovar minha carteira de identidade, em 1995, verifico na tela de computador que continuava identificado criminalmente. Através da Suzana Lisbôa, da Comissão de Direitos Humanos da Assembleia Legislativa, e do deputado Marcos Rolim, encaminhamos denúncia e exigimos que todos os arquivos políticos existentes fossem desativados e encaminhados ao Arquivo Público. O governador e o secretário de Segurança, em ato realizado no Palácio Piratini no dia 30 de setembro de 1996, afirmam em documento que estão remetendo para o Arquivo Público todos os dados de ativistas políticos existentes em todas as dependências da Secretaria, inclusive os informatizados.

Em 25 de março de 1997, ao solicitar um atestado de boa conduta no Instituto de Identificação, a funcionária, uma estagiária, nega, alegando haver contra mim dois processos de origem do Dops, datados de 1968. Volto ao Instituto acompanhado da Suzana Lisbôa, e conseguimos que nos sejam fornecidos os dados que constavam no computador a meu respeito. Tratava-se de dois processos de 1968: um por tentativa de reabertura do Grêmio do Colégio Júlio de Castilhos, o Julinho, e outro por participação em passeata. Esses processos constavam em meu prontuário em situação indefinida, por mais que tivessem dado origem a um processo militar, no qual fomos condenados, o Luiz Eurico Lisbôa, o Ico, e eu. Denuncio o fato e solicito, por escrito, ser informado sobre tudo o que conste a meu respeito na Secretaria de Segurança. Num documento entregue algum tempo depois pelo Sr. secretário, foi-me comunicado que nada mais constava contra minha pessoa nos arquivos da Secretaria. O mais curioso é a data do ofício: 1º de abril de 1997, aniversário do golpe militar e Dia da Mentira. Trinta anos após os fatos ocorridos, estava deixando de constar como criminoso nas listagens policiais. O mais irônico é que o então governador do Estado Antônio Britto, o chefe do secretário, era aluno do Julinho quando os fatos sucederam.

Peço à Secretaria de Assuntos Estratégicos (SAE), órgão que substituía o Serviço Nacional de Informações (SNI), os dados arquivados a meu respeito. Sou avisado de que demoraria um pouco. Um mês após, volto a insistir. Um funcionário me esclarece que existem mais de 150 documentos ou informações sobre minha pessoa e que, por isso, ainda teria de esperar. Diante do meu espanto, tranquiliza-me, dizendo haver outros em cujos prontuários constam mais de 500 documentos.

No final de junho de 1997, aproveitando viagem a Brasília para uma reunião da direção nacional do Partido Popular Socialista, insisto que aprontem o documento para que eu o apanhe. Fazia aproximadamente 45 dias que havia requerido meus dados. Em Brasília, vou do gabinete do senador Roberto Freire para a SAE. A estrutura ocupada pelo ex-SNI é imensa. Ali, não faz muito, trabalhavam milhares de pessoas, que coordenavam a atuação de outros milhares de agentes espalhados pelo Brasil e no exterior.

O documento do extinto SNI é um roteiro de minha militância e prisões no movimento estudantil secundarista, das lutas contra os acordos MEC-USAID em 1967, que culminaram com o fechamento do Grêmio do Colégio Júlio de Castilhos, das manifestações de 1968, em boa parte coordenadas pela União Gaúcha dos Estudantes (Uges), de minha condenação e a do Ico pela tentativa de reabertura do Grêmio do Julinho. Consta minha prisão numa ação da dissidência da Dissidência do PCB[4] e a vinculação com organizações de luta armada que se opunham à ditadura.

---

4. A Dissidência RS, junto com os remanescentes da POLOP (Política Operária), vão formar o POC (Partido Operário Comunista). Os secundaristas do PCB-RS rompem com a Dissidência-RS. Por isso dissidência da Dissidência.

Relata episódios de uma tentativa de sequestro de que fui vítima por parte da Secretaria de Segurança Pública do Rio Grande do Sul e da Operação Bandeirantes, quando estava no Uruguai, no final do ano de 1969. Refere-se às minhas andanças, no início da década de 1970, pela Argentina, Chile e Bolívia. Existem, na certidão, omissões de fatos dos quais o SNI, como centralizador de todos os órgãos de informação, necessariamente tem registros. Talvez, mais que por má vontade do órgão, ou falha de estrutura burocrática, isso se deva à forma intempestiva com que apressei as instâncias competentes – sei que a máquina estatal tem seu próprio tempo. O erro mais pitoresco da certidão fornecida é relativo a uma viagem minha a Oslo. Pelo inusitado, reproduzo, a seguir, o trecho:

> *Em maio de 1975, na base naval de Nor-Shipping, na cidade de Oslo, Noruega, aproximou-se de Guardas-Marinhas brasileiros, dizendo chamar-se Jorge Luiz Mendez. Em conversa com esses militares brasileiros mostrou-se revoltado com essa classe e o poder instituído no Brasil. No entanto, afirmou ter desejo de voltar ao seu país.*

Jamais estive na Europa, nem naquela ocasião ou em outra qualquer. Provavelmente, a visão de um sósia meu serviu para o informe de um araponga, que, lotado no Velho Mundo, num cargo certamente muito cobiçado, precisava mostrar serviço[5].

---

5. Estas informações provavelmente tenham origem num pastor uruguaio informante da Embaixada do Brasil em Montevidéu. Tomei conhecimento por Jair Krischke de informes do pastor a respeito de viagens minhas à Argentina. O pastor viajou à Europa com passagens, hospedagem e diárias pagas pela Embaixada, e se esforçava em relatos rocambolescos que justificassem os gastos. Minha estada em Nor Shipping pode ter sido um "informe" do pastor.

O ato de vasculhar arquivos e as comemorações do "Maio de 1968" reforçaram uma antiga ideia de escrever um testemunho sobre o período. Essa vontade era maior à medida que os enfoques que se debruçavam sobre a época colocavam os eventos de 1968 no Brasil e em Porto Alegre como abalos sísmicos, cujo epicentro era Paris. Assim, tendo como fio condutor uma viagem fictícia a uma base naval na distante Noruega, Nor-Shipping, resolvi contar a minha versão dos fatos. Ironicamente, é comum em situações em que as perspectivas de futuro não são claras usarmos a expressão "buscar um norte". De fato, é uma expressão que denota claramente o nosso colonialismo cultural. Um porto ao norte talvez seja uma referência simbólica à nossa chamada crise dos paradigmas.

Escrever sobre essa fase da pré-história da humanidade que nos tocou viver, sobre as ditaduras, a violência e a luta pela democracia, é a minha maneira de homenagear companheiros e companheiras vivos ou mortos, pelos quais tenho muito afeto. Os fatos narrados são verdadeiros, tanto quanto a memória de acontecimentos sucedidos há mais de trinta anos o permite. As datas dos eventos podem não ser exatas, afinal o texto não tem pretensões acadêmicas. A história da Boate Castelo Rosado me foi narrada.

Não seria honesto se não completasse este resgate com uma visão crítica desses acontecimentos e do fenômeno foquista. Não tínhamos consciência de que, em nossa busca, éramos parte de uma crise maior que só mostraria toda a sua dimensão no final dos anos 1980: a crise do partido da classe operária, o partido marxista-leninista.

Éramos parte de uma geração em uma época em que utopias de igualdade e liberdade inflamavam a juventude de todo o mundo. Nossa história, sendo localizada, poderia desenvolver-se com características universais em Buenos Aires, Montevidéu ou Belo Horizonte. Nossa ações, encontros e desencontros aconteciam num bairro, numa cidade, num país e num continente determinado. Certamente, não éramos muito diferentes das tribos de adolescentes que circulavam no "Praia de Belas" em março de 1998. Tínhamos grandes sonhos e nos considerávamos herdeiros do Manifesto Comunista, do Outubro de 1917 e da Revolução Cubana.

Precisava dar um título ao meu ensaio. Pensei em *Guerrilha do Julinho*, pois a maioria tinha sido aluna do Colégio Júlio de Castilhos. Por que *Guerrilha*? Por ter sido o que nos restou em nossa compreensão daqueles anos. Épocas de Vietnã, da Organização Latino-Americana de Solidariedade, do Che. A América Latina, em particular o Brasil, era prisioneira da chamada Doutrina de Segurança Nacional, doutrina filha da Guerra Fria, que entendia estar na ordem do dia a luta final entre o Ocidente cristão e o comunismo ateu. A resposta a essa teoria reacionária e violenta que semeou ditaduras sangrentas em nosso continente foi o foquismo ou guevarismo.

Se o marxismo e seus partidos já foram caracterizados como grandes religiões laicas, o guevarismo, teoria que pregava a organização de focos guerrilheiros ao estilo caribenho, produziu seitas pentecostais que vicejaram em todos os países. Não havia reserva de mercado para ser a vanguarda revolucionária. Bastava a vontade de um grupo pequeno de pessoas que se deslocava para as montanhas para criar as condições "objetivas e subjetivas" para a revolução. Estava aberta a livre interpretação da bíblia marxista e surgiram inúmeros grupos que pregavam a luta armada. Era mais ou menos como a piada do basco na Revolução Espanhola que o vereador Lauro Hagemann gosta de contar: "– Entonces me enojé, compre una metralleta y me puse a trabajar por cuenta propia."

Em nossa visão haviam nos fechado todos os caminhos e a luta foi a resposta que nossas emoções e o tempo em que vivíamos indicavam: a revolta contra as armas, com as armas que conseguimos, principalmente a da imaginação. A maioria de nós não sabia atirar, e fugíamos do serviço militar como o diabo da cruz. De minha parte, desde já declaro, fui um guerrilheiro absolutamente desastrado nas artes militares.

Outro título possível seria *Guerrilha do Bom Fim*. Afinal, o bairro nos unia. Muitos morávamos ali e todos nos encontrávamos no Bom Fim. O médico e escritor Moacyr Scliar, integrante da geração que nos antecedeu, deve ter áreas tangenciadas com nossas vivências e, certamente, nos desculparia o plágio. Mas acho melhor levar o nome com o qual o Flávio Koutzii nos batizou e que nós adotamos: Brancaleones. Incrível Armada Brancaleone. Guerrilha Brancaleone.

# Do ano do rato ao Golpe Militar

O Luiz Eurico, o Calino Pacheco Filho e eu nascemos no ano de 1948, ano do rato no horóscopo chinês. Comemoravam-se cem anos da publicação de *O Manifesto do Partido Comunista*, de Marx e Engels, pequeno livro cujo início é muito sugestivo: "Um fantasma ronda a Europa: o fantasma do comunismo". O fim da Segunda Guerra Mundial com a rendição alemã e as explosões atômicas em Hiroshima e Nagasaki, forçando a rendição japonesa, já fazia parte da história. Após os acordos de Yalta e a vitória dos Aliados sobre o Eixo, a esperança de um mundo em paz, onde as negociações prevalecessem sobre as agressões, estabeleceu-se entre as nações. Durou pouco. As tensões na Alemanha dividida, o crescimento dos partidos comunistas, que ameaçavam ganhar as eleições na França e na Itália, levaram à Guerra Fria, que se estendeu de 1947 até o fim da União Soviética em 1991. O mundo foi dividido em dois grandes blocos: o lado ocidental e o lado oriental. Os reflexos da nova ordem mundial, com sua guerra de ameaças, chegaram de imediato ao nosso País.

Os comunistas organizados em partido no Brasil surgiram em 1922 como seção da III Internacional. No final da Primeira

Grande Guerra, os bolcheviques conquistaram o poder político na Rússia. Pela primeira vez, seria testada a tese central de Marx, segundo a qual o proletariado, classe universal, não poderia se libertar sem romper todos os grilhões da humanidade. O Partido Comunista Brasileiro (PCB) tinha comandado em 1935 a fracassada tentativa insurrecional da Aliança Nacional Libertadora (ANL). Contra o fantasma brasileiro, surge, em abril de 1935, a primeira Lei de Segurança Nacional. O PCB, clandestino e perseguido, tem importante papel no combate ao nazifascismo e na redemocratização do País, conquistando a legalidade em 1946. Após expressiva participação nas eleições, o PCB foi posto na clandestinidade em 1947, e seus parlamentares perderam os mandatos no ano de 1948.

Éramos filhos da Guerra Fria e não sabíamos. Na realidade, era como se estivéssemos assistindo a um Grenal. As pessoas, as famílias se dividiam. Meu avô materno, seu Rubens, após um passado maçônico e anticlerical, era absolutamente carola e dizia que o comunismo era uma doutrina do diabo. O tio Mário José era do PCB. Outros tios, do PTB. Meu pai, seu Cândido, proprietário de um bar na Rua Santo Antônio, era agnóstico, mas conservador. Minha mãe, Dona Maria, oscilava entre os dois lados. Certamente, entre os familiares do Ico, de seus primos Cesar e Carlos Tejera De Ré e da Suzana, esse quadro, com variações, se repetia. A dona Clélia, mãe do Ico, e a dona Carmem, mãe do Cesar e do Minhoca – apelido do Carlos –, eram irmãs e tinham o irmão Antenor. Tio Antenor era o comunista da família.

A Guerra Fria nos tocava através dos filmes, dos gibis, principalmente dos almanaques, que traziam, entremeados com quadrinhos de "cowboys", historietas das lutas heroicas dos soldados e pilotos americanos contra pérfidos coreanos, chineses e soviéticos.

O Bom Fim, com o Parque da Redenção, seu minizoológico, os barcos do laguinho e a então URGS[6] em suas cercanias, era um bairro meio mágico. A forte presença de imigrantes judeus era uma de suas peculiaridades. Os judeus do Bom Fim são originários, em sua maioria, da Europa Oriental. Muitos chegaram por volta da primeira década do século XX. Fugiam dos "Pogroms" que acompanharam as revoluções de 1905, principalmente na Rússia. Alguns tinham raízes que os ligavam à esquerda em seus países natais. Eram artesãos, fabricantes de móveis, lojistas e intelectuais. A forte presença dos judeus era fonte de tensões e preconceitos. Era comum, por parte dos "brasileiros", uma postura altamente desconfiada em relação aos vizinhos do bairro. Havia muitos judeus de esquerda que se identificavam com o comunismo e militaram no PCB. Não é difícil imaginar que alguma senhora judia se comunicasse por correspondência com Leon Trotsky em seu exílio mexicano, antes da machadinha fatídica de Mercader, encomendada por Stalin.

O Bom Fim do final da década de 1950, embora contasse com diversos elementos cosmopolitas, tinha um forte componente provinciano, certamente mais pronunciado ainda nas cidades do interior, onde o Ico, o Calino e o Luiz Andrea Favero residiam. Os namoros com as moças de família – a iniciação sexual dava-se com prostitutas ou com as empregadas domésticas – eram respeitosos e passavam por um rígido controle familiar. Os programas da juventude eram matinês, peladas no Campo dos Cadetes e reuniões dançantes para os maiores. Para nós, sobrava jogar botão, escalar telhados, participar de guerras de fundas nos terrenos baldios e trocar gibis nas matinês. Eram comuns clubes como a Sociedade dos Amigos da Rua Santo Antônio (Sarsa) e eram

---

6. Em 1968, passa a ser denominada Universidade Federal do Rio Grande do Sul (UFRGS).

organizados torneios de pingue-pongue entre os clubes ou turmas das diferentes ruas.

As reuniões dançantes ao som do The Platers e de sambas-canções eram invadidas por uma música nova e desestabilizadora: o rock. Começava a surgir o estigma da "juventude transviada", que tinha como padrões comportamentais James Dean, Marlon Brando e Elvis Presley. O cabelo crescido com um topete, calças Lee ou Levi's compradas no Porto, canivete automático, isqueiro Ronsol e um motociclo, enquanto se sonhava com uma Harley Davison.

De política mesmo, só começamos a ter noção durante o governo de Juscelino Kubitschek. A morte de Getúlio Vargas, a morte de Stalin e o golpe da CIA contra Jacob Arbenz, provocando a fuga do jovem médico argentino Ernesto Che Guevara para o México, nos passaram "em brancas nuvens". O início da implantação da indústria automobilística e a construção de Brasília foram, certamente, os primeiros fatos políticos que nos marcaram. E o Brasil ainda saiu campeão do mundo em 1958 nos campos suecos.

Os soviéticos lançaram o Sputnik, primeiro satélite artificial construído pelo homem; a seguir colocaram em órbita a cadela Laika, e Iuri Gagarin foi e voltou do espaço. O sucesso dos mísseis russos é apresentado como resultado da supremacia científica e tecnológica do comunismo. O próprio aparelho do partido, durante o período de Kruschev, acredita nisso, apostando na competição entre dois sistemas, o capitalista e o socialismo real. Na Rua Santo Antônio resolvemos construir nossos próprios foguetes. Fabricávamos pólvora caseira e lançávamos busca-pés e petardos absolutamente desgovernados. É dessa época, também, a vitória dos barbudos de Fidel Castro contra a Ditadura Fulgêncio Batista.

Os colegiais usavam uniformes brancos com um tope de fita azul no pescoço. Crianças, vocês são felizes e não sabem. No bairro, a maioria estudava no Grupo Escolar Argentina ou no Othelo Rosa. Os cursos Ginasial, Científico ou Clássico eram feitos no Julinho, no Rosário ou no Rui Barbosa; o Parobé preparava para carreiras técnicas de nível médio e, para as moças, havia o Curso Normal do Instituto de Educação ou do Bom Conselho, que as preparava para o magistério. O quinquênio JK ia ficando para trás. Brasília era inaugurada em pleno altiplano goiano e os automóveis made in Brazil começavam timidamente a circular por nossas vetustas ruas.

A eleição de Leonel Brizola para o governo do Estado e a vitória de Jânio Quadros sobre o Marechal Lott redesenham o quadro político nacional. Brizola começa um governo cuja centralidade dava-se em torno do apoio à educação e da retomada de um discurso nacionalista no estilo Getúlio Vargas. O imprevisível Jânio, eleito por uma coligação de partidos conservadores e em cima de uma plataforma moralista que tinha a vassoura como símbolo, começava sua ziguezagueante trajetória. O vice-presidente de Jânio era João Goulart, o Jango, ex-ministro do Trabalho de Getúlio Vargas, que mantinha estreitos vínculos com um sindicalismo fortemente atrelado ao poder estatal.

O Sarsa e as reuniões dançantes continuavam acontecendo, mas, aos poucos, o bairro ia mudando. Os velhos casarões iam cedendo cada vez mais espaço aos edifícios, e o tema político, como a discussão das reformas de base, começava a pautar cada dia mais o cotidiano das pessoas. O domínio do rádio ainda era absoluto, com as cantoras de rádio, como Ângela Maria, Marlene e Emilinha Borba. Minha tias não perdiam capítulos das radionovelas, e o Repórter Esso, com sua conhecida abertura, dominava os noticiários informativos. As chanchadas com Oscarito, Zé Trindade e Grande Otelo, comédias escrachadas, dominavam a produção de filmes brasileiros.

A televisão começava a ser introduzida. Inicialmente, apenas com o Canal 5, TV Piratini, e, depois, com a TV Gaúcha. O *Correio do Povo* era o veículo todo-poderoso da imprensa escrita; competia com os Diários Associados, que tinham em Porto Alegre o *Diário de Notícias*. Havia vespertinos, como a *Folha da Tarde* e *A Hora*. Posteriormente, surgiria a *Última Hora*, de Samuel Wainer. O reinado da televisão demoraria alguns anos para se consolidar. O preço dos aparelhos era proibitivo. A primeira televisão em nossa rua foi a do Seu Salomão, dono da fábrica de casacos de couro. Seu Salomão e sua esposa, casal sem filhos, tinham grande prazer em receber grupos de garotos que iam à noitinha assistir à televisão.

Jânio Quadros, ao mesmo tempo que tomava medidas exóticas, como tentar proibir aquele traje de banho ousado chamado biquíni, assumia uma política externa bastante independente. Fato expressivo dessa independência foi condecorar o ministro cubano Ernesto "Che" Guevara, que passava pelo Brasil após uma participação crítica na conferência de Punta del Este. Cuba entrara em rota de colisão com os interesses norte-americanos e começava a buscar apoio nos países socialistas. No ano de 1961, a participação da CIA na desastrada tentativa de invasão da Ilha por asilados anticastristas na baía dos Porcos tornaria este caminho irreversível.

Num mês conhecido por imprevistos políticos, agosto, cinco dias após o "Che" receber a Ordem do Cruzeiro do Sul, a Nação foi surpreendida pela renúncia do presidente, um episódio até hoje obscuro na política brasileira. Jânio renunciava acusando "forças ocultas" pelo seu ato. A renúncia de Jânio e a ausência de Jango, que cumpria agenda oficial de visita à China Popular, foram pretexto para o golpe de Estado, assumindo, com o apoio do Exército, o presidente da Câmara dos Deputados Ranieri Mazzilli.

O governador do Rio Grande do Sul, Leonel Brizola, insurgiu-se e, em defesa da legalidade, entrincheirou-se no Palácio Piratini. Enquanto isso, no Mata-Borrão[7], o Comando-Geral dos Trabalhadores (CGT), começou o recrutamento civil para a resistência armada ao golpe. Dos subterrâneos do Palácio Piratini, radialistas, ao som de músicas patrióticas e apelos cívicos, tornaram realidade a Cadeia da Legalidade. O episódio marcou profundamente nossa geração. Pela primeira vez, sentíamos em nosso pacato mundo que a política podia assumir um caráter de enfrentamento armado.

A posse de Jango foi negociada com a introdução do parlamentarismo no Brasil. O que poderia ser um instrumento para o aperfeiçoamento de nossas instituições era introduzido de maneira espúria. Brizola, em face dos péssimos serviços prestados aos usuários, nacionalizou as concessionárias controladas pelas multinacionais Bond and Share e ITT, fundando a Companhia Estadual de Energia Elétrica (CEEE) e a Companhia Riograndense de Telecomunicações (CRT). É criado o Movimento dos Agricultores Sem Terra (Master), e Julião, à frente das Ligas Camponesas, prega "reforma agrária na lei ou na marra", aterrorizando os grandes proprietários fundiários.

No nosso Bom Fim provinciano, a radicalização do espectro político era visível. A casa ao lado de onde eu morava foi alugada por Fúlvio Petraco, conhecido "agitador comunista", presidente da União dos Estudantes Estaduais (UEE). A União Nacional dos Estudantes (UNE), com os Centros Populares de Cultura (CPCs), tinha destacado papel na mobilização dos estudantes a favor das reformas de base.

---

7. Prédio modernista em forma de um mata-borrão, situado na esquina da Av. Borges de Medeiros com a Rua Andrade Neves. Foi sede da organização da resistência ao Golpe Militar.

Os generais golpistas articulavam-se em todo o País, com amplo apoio civil. Importante papel cumpririam nessa articulação setores conservadores da Igreja Católica, seja com a realização de retiros espirituais, onde predominava o pavor do perigo comunista iminente, seja pelo apoio às manifestações em defesa da família e da liberdade, que mobilizaram multidões nas principais cidades brasileiras.

Meu avô, ligado a setores conservadores da Igreja Católica, recebia literatura golpista, como a revista do Instituto Brasileiro de Ação Democrática (IBAD). É necessário reconhecer que, ao lado dos Generais Juarez Távora, Mascarenhas de Moraes, Castello Branco, de políticos do campo conservador, principalmente o então governador da Guanabara[8] Carlos Lacerda, do Departamento de Estado norte-americano, o proselitismo contra o perigo comunista tinha significativo apoio popular, inclusive em nosso Estado.

O ano de 1964 assistiu ao desfecho desse drama. A organização dos sargentos, cabos e soldados em todos os principais centros militares, a sublevação da Marinha, com a liderança do polêmico cabo Anselmo, foram as desculpas finais para a aventura golpista. Depois do comício da Central do Brasil, na cidade do Rio de Janeiro, onde João Goulart se comprometera com as reformas de base, a agrária em especial, o esquema golpista entrou em ritmo acelerado.

No Rosário, minha rebelião adolescente manifestava-se principalmente nas aulas de religião. Tentava defender perante o padre e o conjunto da classe uma tese anarquista a que cheguei espontaneamente: o absurdo da ideia de que um deus todo-poderoso, que tudo havia criado e que conhecia o passado e o futuro, permitisse tantas situações de miséria e injustiça. Na última série

---

8. A área do município do Rio de Janeiro, convertida no Estado da Guanabara, de 1960 a 1975.

do Ginásio, já havia assumido uma posição na arquibancada no Grenal da Guerra Fria. Muito contribuíram para isso minhas caminhadas pela Cidade Baixa, onde diversas vezes cruzava a Ilhota, favela situada ao lado da Praça Garibaldi. Revoltavam-me as condições de iniquidade em que viviam tantos seres humanos. O mundo tinha que ser transformado radicalmente. É claro que os meus dias no Rosário, onde estudava graças a uma bolsa de estudo, estavam contados.

No dia primeiro de abril de 1964 fomos acordados com a notícia do golpe. As aulas foram suspensas. Fui para o Centro de Porto Alegre, onde uma multidão começava a se aglomerar em frente à Prefeitura. Escutei pelo rádio as notícias sobre a fuga do governador Ildo Meneghetti para Passo Fundo e as tentativas de Leonel Brizola no sentido de organizar a resistência. A vitória do golpe sem uma resistência mais efetiva foi uma grande decepção. Assisti no centro a grupos de populares que, de forma anárquica, ainda se manifestavam contra as tropas que tomavam as ruas de Porto Alegre. Os dias que se sucederam foram de muita tensão. Chegaram à nossa casa familiares de meus primos de Bagé, filhos do escritor Pedro Wayne, Ramon e Ernesto Wayne[9], que estavam presos no Sesme, situado no bairro do Cristal, onde fica a Febem. Centenas ou milhares de militantes, dirigentes políticos e sindicais ficaram presos nesse local. O golpe impunha-se sem grande oposição.

O terrorismo de Estado, as prisões e as torturas foram frequentemente utilizados pela ditadura que se implantava. Em agosto de 1964, foram presos e torturados três primos meus por linha paterna. O Jeca, o Antônio – hoje um dos nossos principais

---

9. Ramon Wayne era funcionário do Banco do Brasil e do Sindicato dos Bancários, Ernesto Wayne era poeta e escritor, trabalhava na Previdência.

artistas plásticos gaúchos[10] – e o Morgado Gutierrez Assumpção foram acusados de pertencer a uma organização que planejava uma série de atentados terroristas. A *Revista do Globo* e a imprensa escrita dedicaram extensas matérias sobre o plano terrorista que pretendia provocar inúmeros atentados e incêndios[11].

É muito difícil calcular o número de pessoas presas, não raro torturadas e sempre vítimas de maus-tratos, prejudicadas pelo golpe: trabalhadores e dirigentes sindicais, como o Álvaro Ayala e o Nicanor Rodrigues; vereadores e políticos do PTB em cidades do interior; pequenos agricultores que perderam tudo para os bancos; funcionários que foram demitidos de seus cargos em repartições ou empresas públicas como Petrobras e Banco do Brasil. Com certeza, centenas de gaúchos tiveram que abandonar suas cidades com filhos pequenos e tentar a vida em outros lugares, quando não se exilando.

Para ilustrar a paranoia da época, talvez não possa citar nada melhor do que a história da Boate Castelo Rosado, situada na Rua Voluntários da Pátria. Um de seus donos tinha o nome de Jango. Por isso, ou por moralismo, o certo é que o Exército invadiu e fechou a boate em 1º de abril, levando seus proprietários presos. Após um período de detenção, o proprietário soube que a "Revolução" estava reavaliando o papel das casas noturnas: elas eram "socialmente necessárias", diziam os generais, e cumpririam um papel importante no turismo. Para tanto, uma "comissão" iria vistoriar os locais noturnos, estabelecendo as condições para que funcionassem. Uma vez solto, Jango recebeu a "comissão", integrada por membros do Exército, saúde pública, liga das senhoras

---

10. Antonio faleceu em 2004

11. A prova era um grande acúmulo de garrafas em um corredor que, segundo a revista, seriam usadas para confecção de coquetéis molotov

católicas, polícia civil, censura pública de espetáculos, que vistoriou a boate. As exigências eram imensas: os balcões tinham de ser de fórmica; a cozinha de aço inoxidável; os banheiros, ampliados. Jango juntou todas as economias, vendeu os cavalos que possuía no Prado, pediu dinheiro emprestado e fez as obras necessárias. Voltou a falar com o general e, após duas semanas de trâmites legais para conseguir o alvará na Prefeitura, já pensava no anúncio de reabertura na primeira página do *Correio do Povo*. Foi quando o coronel João Leivas Job se atravessou: "Tu não vais abrir essa espelunca merda nenhuma!". Jango protestou, entrou na Justiça, e nada levou. Perdeu tudo o que tinha aplicado e jamais recuperou os cavalos que tinha no Prado.

# 1967 – A revolta do Julinho

Em todas as cidades existem locais que, por sua significação no imaginário das pessoas, tornam-se referências, verdadeiros símbolos. O Colégio Júlio de Castilhos, o Julinho, é, para os porto-alegrenses, sinônimo de inconformidade e rebeldia.

Ingressei no 1º Científico do Colégio Júlio de Castilhos em março de 1965. A ditadura militar estava consolidada. A intervenção nos sindicatos e entidades estudantis convivia com uma imprensa amordaçada e uma sociedade civil desarticulada. O governo implantava rigoroso sistema de ajuste econômico, buscando controlar a inflação que se acelerara no final do governo Jango e início do regime militar. Ao autoritarismo somava-se a pauperização da população, resultante de uma política deliberada de arrocho salarial, que era acompanhada pela falência de pequenas empresas. No ano de 1965, tivemos conhecimento, através da imprensa, da tentativa do coronel Jeferson Cardin de, a partir de uma invasão via fronteira uruguaia, liderar uma revolta militar. A rebelião ficou restrita à tomada da cidade de Três Passos e a uma marcha rumo ao oeste do Paraná, onde foram cercados pelo Exército e presos.

O ano de 1966 marca a retomada dos movimentos populares. Os primeiros a manifestarem sua inconformidade teriam sido, talvez, os setores ligados à área cultural. Nos palcos de nossas grandes cidades começaram a surgir vozes de inconformidade. No Teatro de Arena, no Rio de Janeiro, peças como *Liberdade, Liberdade* e *Arena canta Zumbi* desafiavam o regime autoritário. Certamente, a Nação tem uma dívida de gratidão para com a turma do chope e da boêmia carioca. Muitos sindicatos, com o fim da intervenção, elegem direções mais representativas, que começam a questionar a perda do poder aquisitivo e de direitos sociais dos trabalhadores.

O movimento estudantil terá um importante papel nessa retomada. Os estudantes, em sua maioria provenientes de camadas médias do campo e da cidade, com aspiração de ascensão social, não viam um horizonte promissor no momento recessivo que vivíamos. O número de estudantes havia aumentado muito com a urbanização e a industrialização brasileira, principalmente depois dos anos 1950. Contribuiu para a mobilização estudantil, além da normal rebeldia juvenil contra qualquer forma de autoritarismo, a tradição de entidades como a UNE, com uma história marcada por compromissos sociais e populares.

Porto Alegre pós-64 conservava seu ar pachorrento de cidade meio provinciana. Nos finais de semana, no Bom Fim, o Fedor, bar na esquina da Rua Felipe Camarão com a Avenida Osvaldo Aranha, ficava entulhado de velhos judeus conversando em iídiche. O Centro era um local com intensa atividade noturna em função de seus cinemas, bares, livrarias e bancas, que funcionavam até a madrugada. O porto ainda não estava separado da cidade pelo muro, e em suas ruas próximas funcionavam bares e boates durante a noite inteira, onde profissionais do sexo disputavam clientes. As velhas casas da Cidade Baixa que ficavam no traçado da I Perimetral estavam destruídas e preparava-se a remoção dos moradores da Ilhota e de outras vilas para a área rural de Porto Alegre, para uma região chamada Restinga, onde não havia qualquer infraestrutura urbana.

No final de agosto de 1966, é encontrado boiando no rio Jacuí o corpo do ex-sargento Manuel Raimundo Soares. Raimundo Soares, militante do Movimento Nacionalista Revolucionário, havia sido preso e torturado. O episódio ficou conhecido como o "Caso das Mãos Amarradas". Seu enterro, ocorrido no início de setembro, foi um ato importante de oposição à ditadura militar. A Assembleia Legislativa do Rio Grande do Sul realizou uma Comissão Parlamentar de Inquérito (CPI), que chegou aos nomes dos prováveis autores do crime, envolvendo autoridades do Exército, da Secretaria de Segurança e agentes do Dops. Apesar da coragem e da seriedade com que foram conduzidos os trabalhos, a CPI não teve qualquer efeito prático para a prisão ou punição dos responsáveis pelas torturas e assassinato do sargento Soares.

Por iniciativa da Ação Popular, grupo de esquerda originário de militantes católicos, a UNE fazia sua reaparição em encontro realizado num convento em Minas Gerais. O movimento estudantil timidamente retomava suas mobilizações com a luta dos excedentes. Em Porto Alegre, o tradicional desfile dos "bixos" assumia cada vez mais um caráter de contestação ao arbítrio, o que levaria à sua proibição. No Julinho, começavam a se articular assembleias de estudantes no marco de jornadas de lutas nacionais e questões específicas do Colégio.

A rebeldia dos estudantes encontrou canais de expressão através de grupos organizados. No Julinho, os mais ativos eram o Partido Comunista Brasileiro, a Ação Popular e os Possadistas, grupo que seguia orientação do argentino J. Posadas. Na segunda metade de 1966, são realizadas eleições para o grêmio estudantil, sendo eleita uma diretoria vinculada ao PCB. Torno-me assíduo frequentador das assembleias do Julinho, marcadas por discursos contra a reforma do ensino e a ditadura, o que me aproximou do PCB. Muitas das assembleias aconteciam no prédio onde é hoje o Instituto de Identificação, que era utilizado então como restaurante universitário.

Ainda na condição de "simpatizante", realizo uma viagem a Caxias do Sul com meus novos companheiros para participar de um encontro da Uges. O Ico, companheiro de viagem, ingressara no PCB há pouco tempo e cursava o Clássico. Começara a militar através da Juventude Estudantil Católica (JEC) e na Ação Popular. Filiado ao PCB, era um ativista inteiramente dedicado. Brincalhão, com um sorriso contido que era sua marca registrada, sabia ser muito irônico quando provocado. Era um iniciado no discurso de esquerda e um polemista extraordinário.

No segundo semestre de 1966, além de cursar o 2º ano do Científico, comecei a dar aulas num curso supletivo noturno do governo do Estado, no interior da Vila Niterói, no município de Canoas. A Niterói de então era um conglomerado urbano, absolutamente carente. Muitas vezes o Ico acompanhou-me nessas odisseias, ocasiões em que íamos discutindo questões do Partido. Nas provas finais, meus alunos – adolescentes, homens e mulheres pertencentes a uma faixa etária que variava de doze a quarenta anos, trabalhadores – foram todos aprovados.

A base do Julinho funcionava como uma célula comunista em qualquer lugar do mundo, segundo o figurino do "partido de novo tipo" idealizado por Lênin em *O que fazer*, no início do século: o partido como representante da classe operária, embrião do estado socialista, coeso ideologicamente e centralizado, que em algum momento – o momento certo – devia assumir de assalto o controle do estado. A classe operária e seu partido tinham como arma a ciência da história, o marxismo-leninismo. A visão gramsciana de um estado com casamatas solidamente implantadas na sociedade civil, onde o partido, o intelectual orgânico da classe operária, devia travar um embate cultural de longa duração, ainda era embrionária em nosso meio. A base era constituída por, talvez, doze a quinze militantes. A autossuficiência, própria da juventude, fazia a todos conhecedores de Marx, Lênin, Gramsci e Lukács. A efervescência cultural levava a discussões das teses de Togliati, do PC italiano, e de Garaudi, do PC francês. O marxismo existencialista de Sartre também era motivo para debates: as leis do materialismo dialético seriam aplicáveis às ciências exatas?

Fui introduzido nos princípios da contribuição financeira obrigatória do militante, do centralismo-democrático, no qual a minoria sujeitava-se à maioria e as tarefas eram cumpridas sem vacilações. A clandestinidade obrigava a ter muita atenção com as normas de segurança, suas regras e procedimentos. O encontro de militantes para irem a uma reunião ou receberem orientações em um local e horário determinado era denominado "ponto". Era obrigatório usarmos "nomes de guerra", pseudônimos utilizados na Organização. As reuniões da base, após discussão de questões de conjuntura e atividades do Grêmio, terminavam, invariavelmente, com sessões de crítica e autocrítica contra as vacilações ideológicas dos camaradas.

A proximidade do final de ano, com as provas e todas suas sequelas, interrompeu as atividades da base. Nas férias, nossa militância assumia um caráter mais etílico, havia longas discussões em bares, acompanhadas de chope, samba ou caipira. Praticantes assíduos dessa militância eram o Fabinho Marenco Santos, o Claudio Lorandi, o Celení, o Nei Breitman, o Irgeu Schimidt, o João Herédia, o Sérgio Arnoud e tantos outros. Militar numa base comunista, fato considerado subversivo pela ditadura militar no

Brasil de então, era episódio normal em países vizinhos como o Uruguai e o Chile, onde havia partidos comunistas legais.

Com a retomada do ano letivo, em março de 1967, as atividades do Grêmio se intensificaram. Eu cursava então o 3º ano do Científico noturno. Desde o início do mês de janeiro, trabalhava no Sulbanco, cuja sede era na Rua da Ladeira com a Sete. No movimento estudantil, o protesto contra os acordos MEC-USAID somava-se à luta por mais verbas para a educação. A ditadura, em seu ajuste econômico, havia reduzido significativamente os recursos para os ensinos médio e universitário. Na Universidade, o movimento dos excedentes – alunos que tinham passado no vestibular mas não ingressavam por falta de vagas – multiplicava-se por todo o Brasil. Também agitavam as faculdades, particularmente a de Medicina, a oposição aos chamados "paraquedistas", estudantes transferidos do interior ou de outros Estados.

A ditadura proibira o funcionamento de Diretórios Centrais de Estudantes (DCEs). Nos primeiros dias de março, o DCE sofre intervenção da Reitoria e o Presidente João Carlos Vieira é afastado. Em reunião da base, decidimos por nossa participação, em conjunto com diversos Centros Acadêmicos, na ocupação do prédio do atual Restaurante Universitário (RU) da UFRGS, em defesa do DCE. No dia 9 de março fomos desalojados do DCE durante a madrugada pelas tropas da Brigada Militar[12]. Na desocupação do RU, o coronel Pedro Américo Leal, atual vereador de nossa cidade – seu estilo teatral sempre foi característico –, manteve um diálogo inesquecível com um estudante que estava na sacada do RU. Após baterem boca por alguns minutos, Leal o desafiou: "– Desce! Vem dizer essas coisas aqui em baixo, se tu és homem." O estudante, olhando desde a sacada do primeiro andar, por cima

---

12. O equivalente à Polícia Militar no Rio Grande do Sul.

do coronel Leal, as centenas de brigadianos que estavam às suas costas, respondeu: "Coronel, bem acompanhado assim quem não é valente?".

Da ocupação do Restaurante Universitário, além da presença de companheiros das bases secundaristas, lembro-me de Carlos Augusto de Campos Velho, o Pingo, que atuaria logo a seguir em Hair; do Claudio Torres, que seria preso pela participação no futuro sequestro do embaixador americano no Rio de Janeiro; e do Luís Paulo, bancário da Caixa Estadual – nos cruzamos de quando em quando na Rua da Praia. Como saldo do cerco e desocupação do Restaurante Universitário restou um estudante morto, não pelas balas da repressão, mas por um carro que o atropelou ao sair em desabalada carreira do local do evento.

No Julinho, a direção do Colégio baixara normas disciplinares que teriam a oposição dos alunos. Provocava horror ao diretor e ofendia seu senso de ética, moral, estética e disciplina que os jovens usassem cabelos compridos e as jovens, minissaias. Era uma batalha inglória, boa parte dos lares da Porto Alegre de então já dispunha de aparelhos de televisão. O sucesso internacional dos Beatles e sua moda cabeluda era irreversível. Programas como a *Jovem Guarda*, com sua rebeldia pasteurizada, ajudavam a impor novos hábitos. A mulher, com a popularização da pílula, começava a vencer condicionamentos históricos. A minissaia de Mary Quant não teria como ser enfrentada. E o diretor não viu isso. Em abril de 1967, o Colégio explode contra as normas restritivas. Os jornais da época, ilustrados com uma foto da Suzana, registram a revolta da minissaia.

Era o início do governo Costa e Silva. Castello Branco entregou a Presidência ao segundo general de quatro estrelas, iniciando a dinastia, em meados de março de 1967. Com o gaúcho Tarso Dutra à frente do Ministério da Educação, a reforma do ensino tinha nos acordos entre o MEC e a USAID, agência governamental norte-americana, a construção de seus postulados teóricos e a esperança de financiamentos. Nossa estrutura educacional anterior tinha um padrão europeu, com cinco anos de Escola Primária, quatro anos de Ginásio e três de preparatório para a universidade: Clássico ou Científico. O ensino público gratuito, em todos os níveis, era também um de seus pilares. A luta contra os acordos MEC-USAID mobilizou os estudantes de norte a sul do País.

No Julinho, o embate político quanto à reforma somava-se a questões de costumes e à oposição da direção a atividades culturais promovidas pelo Grêmio, como um debate com a participação de Vinícius de Moraes no Clube de Cultura e uma peça teatral de Brecht. Edições do jornal *O Julinho* questionavam o autoritarismo da escola, a ditadura e a reforma do ensino. Sob a acusação de desenvolver atividades subversivas, o Grêmio começou a ser alvo de perseguições. Foi formada uma comissão de inquérito integrada por professores, que começou a tomar-nos depoimentos a respeito de nossas atividades. No final de abril, encontramos a sede do Grêmio lacrada. Colocamos cartazes improvisados em folhas de papel e cartolina em todos os corredores e convocamos uma assembleia geral dos alunos, interrompendo as aulas. Reunida a base, decidimos que o Grêmio funcionaria numa barraca, na praça em frente ao Colégio. Os dias que se sucederam foram movimentados. Tocávamos a campainha que chamava ao recreio em constantes assembleias no saguão da escola, fazendo com que o diretor ficasse ilhado em sua sala.

A gota d'água para nossa expulsão foi a Passeata da Catedral e, para relatá-la, lanço mão da edição do *O Julinho*, de maio de 1967, com o título: "E EXISTE UM POVO QUE A BANDEIRA EMPRESTA PARA COBRIR TANTA INFÂMIA E COVARDIA". A matéria, além de protestar contra a repressão desencadeada no

País pelo regime militar após 1º de abril de 1964, as intervenções nas entidades, denunciava o espancamento dos estudantes dentro da Catedral Metropolitana:

*Com o fechamento do Grêmio do Julinho, os secretários improvisaram, em plena Praça Piratini, na frente do Colégio, uma "sede campestre" (como a chamaram os julianos). Dali partiu a convocação para a passeata, e ali dialogamos e explicamos o porquê da nossa luta contra o MEC-USAID e pela gratuidade de ensino.*

*Partindo da frente do Julinho, onde também concentraram-se os colegas do Parobé, Infante Dom Henrique, Aplicação e outros, tivemos que, primeiro, driblar a polícia, que vigiava todo o quarteirão. Em pequenos grupos, os estudantes concentraram-se na Praça da Matriz e, quando já somávamos 800 secundaristas, aproximadamente, houve uma série de discursos pela gratuidade, pela autonomia gremial e contra o acordo MEC-USAID.*

*Logo após, todos dirigimo-nos para a frente da Assembléia Legislativa, onde foi entregue ao Deputado Pedro Simon um documento da UMESPA e o abaixo-assinado pleiteando a manutenção da gratuidade de ensino. Com cartazes e faixas "Pela gratuidade", "Fora Yankees", "MEC-USAID Não", os estudantes voltaram a se concentrar na Praça da Matriz para aguardar o resultado da votação, quando, pela primeira vez, fez-se ouvir a violência: a polícia ameaçava, se não se retirassem do local, dispersar os manifestantes.*

*Revoltados, todos protestavam e organizando-nos, quase que espontaneamente, partimos em passeata para levarmos ao povo todas as nossas reivindicações.*

*Descendo pela Rua da Ladeira e Rua Sete de Setembro fomos até a frente do Consulado Americano e, ali, protestamos contra a infiltração americana em nosso ensino, o acordo MEC-USAID e contra a guerra do Vietnã. Houve um breve comício em frente à Prefeitura, e partimos pela Rua Uruguai até a Rua da Praia, onde esperamos os nossos colegas universitários. A polícia organizava um dispositivo de repressão, quando surgiu, em plena Esquina de Porto Alegre, a bandeira da UNE."*

A matéria do *O Julinho* relata a seguir que foi realizado um grande ato em frente ao Consulado Americano, com queima da bandeira norte-americana, quando já estariam participando cerca de duas mil pessoas. Daí, retornam à Assembleia, havendo no caminho, na Riachuelo, os primeiros choques com a Brigada Militar. Descreve, em tom dramático, os espancamentos dentro da Catedral:

*Iria iniciar a missa das seis horas. A polícia penetra no templo, perseguindo e espancando todos quantos estivessem lá dentro. Viravam bancos, devastavam confessionários, espancavam meninas e meninos junto ao altar-mor.*

*Átila, o sanguinário e bárbaro Átila, quando invadia cidades, poupava seus templos e os que se refugiavam neles...*

Do inquérito no Julinho passamos a ser convocados a depor no Dops e fomos fichados no Departamento de Ordem Política e Social como subversivos. Fomos expulsos do Julinho no mês de junho, junto com o Celení, o Vítor e o Nilton Bento. Esses acontecimentos tiveram como consequência o acirramento da agitação e novas passeatas. Porém, duraria pouco. Numa dessas manifestações, durante o ritual de queima da bandeira americana, um jipe do Exército ardeu em chamas em frente ao Consulado. O Schimit e o Nilton Bento tinham comprado numa farmácia um litro de benzina e improvisado um coquetel molotov, tecnologia que se tornaria usual nas futuras lutas de 1968.

Terminava assim a odisseia do Grêmio Livre. O diretor, questionado na Assembleia Legislativa, na imprensa e sob um clima tenso no Colégio, respirou aliviado. Buscaria, no futuro, articular uma entidade estudantil que só se envolvesse em manifestações culturais e esportivas que não fossem de cunho subversivo.

# Da base do Julinho à Dissidência

Paralelas à mobilização estudantil, as atividades partidárias eram intensas. As bases estudantis questionavam as teses do Comitê Central para o VI Congresso, que entendiam que o Partido tivera uma postura equívoca e aventureira no final do governo Jango, superestimando suas próprias forças. No seu conjunto, as teses não se afastavam da visão da Terceira Internacional, construída nas décadas de 1920 e 1930, quanto aos países do Terceiro Mundo: os resquícios feudais no campo, a aliança com a burguesia nacional, a contradição nação x imperialismo, a visão etapista da revolução. A escassa produção teórica do PCB era resultado do stalinismo e de uma sociedade atrasada. A literatura marxista era escassa e de tradução e qualidades duvidosas. No pré-1964, a principal editora que publicava livros marxistas era a Vitória, que reproduzia os textos da Academia Soviética. A primeira edição do *O Capital* em português, um esforço da Editora Civilização Brasileira, só seria publicada em 1968. O Partido, porém, contava com parcelas significativas da inteligência brasileira. Nosso mundo intelectual e acadêmico era bem mais reduzido. Não existiam quase nas universidades brasileiras cursos regulares e sistemáticos de mestrado e doutorado. Apenas alguns privilegiados tinham oportunidade de estudar no exterior.

As teses para o VI Congresso do PCB, sob a ótica da atual visão histórica dominante, não tinham uma compreensão teórica mais apurada de nossa realidade, mas, em suas conclusões, indicavam caminhos que os anos revelariam extremamente corretos. O Comitê Central chamava a construção de uma ampla frente, incorporando, inclusive, setores que haviam apoiado o golpe, tendo como objetivo a reconquista das liberdades democráticas, anistia, liberdade de organização partidária, eleições livres e convocação de uma assembleia nacional constituinte. Essa linha frentista era a melhor herança da Terceira Internacional quando, em seu VII Congresso, desenvolve a tese da frente única contra o fascismo em ascensão na Europa na década de 1930.

Para a Dissidência e setores significativos do Partido, a vitória da reação era atribuída à incapacidade de o Partido ter organizado a resistência popular, às atitudes vacilantes de seus dirigentes e às ilusões quanto ao caráter revolucionário da burguesia nacional e suas contradições com o capitalismo internacional.

Os companheiros que viriam a formar a Dissidência do Rio Grande do Sul eram, principalmente, integrantes das bases universitárias e secundaristas. Suas lideranças mais notórias eram o Flávio Koutzii, o Luis Pilla Vares e o Marco Aurélio Garcia. Com a convocação das conferências municipais e dos congressos regionais, iniciou-se uma intensa atividade de estudos e debates. Muitos desses encontros aconteciam no apartamento do Marco Aurélio e, alguns, na casa do Pilla Vares. Questionava-se a existência de um mitificado passado feudal e de uma burguesia que teria contradições com essa estrutura agrária atrasada. Papel importante nesse debate teve o estudo de Caio Prado, um pecebista histórico, a respeito do campo brasileiro, questionando a existência do campesinato no Brasil. O economista brasileiro Celso Furtado, estudando o ciclo da cana-de-açúcar e o engenho, já apontava nesse sentido. Para Caio Prado, autor de *A revolução brasileira*, dado o caráter capitalista do campo brasileiro, a principal tarefa para o avanço social era a organização dos sindicatos rurais e a aplicação da legislação trabalhista no campo. As conclusões da Dissidência e de outros tantos grupos dentro do PCB que se opunham ao Comitê Central, eram no sentido de que a etapa da revolução brasileira não era democrático-burguesa, e sim socialista.

As bases secundaristas, em especial a do Julinho, cresceram muito, incorporando estudantes que acompanhavam as atividades do Grêmio e o clima geral de rebeldia no Colégio. Assim, com mais de trinta integrantes, em reunião acompanhada pelo camarada "Abraço Fraterno", elegemos diversos delegados para a Conferência Municipal do PCB. "Abraço Fraterno" era o apelido que tínhamos dado ao assistente estadual que acompanhava o processo congressual. Ao iniciar uma reunião, sempre fazia a saudação: "Trago para os camaradas estudantes o abraço fraterno da Classe Operária...".

Numa quinta-feira um Austin preto nos pegou no ponto. Lá estavam os delegados secundaristas para a conferência municipal do PCB. O único conhecido do motorista era o Fabinho. A ordem era fechar os olhos. Quem dirigia, certamente, era o jornalista João Aveline, encarregado do carro do PCB. Demos inúmeras voltas pela cidade. O Austin parou numa casa de altos muros, situada na periferia de Porto Alegre (na realidade, soube muito depois que a casa ficava no município de Viamão) e ingressamos num amplo porão onde aconteceria a reunião.

A composição da conferência era heterogênea. Conhecia os delegados secundaristas e boa parte dos universitários. Não me eram estranhos alguns delegados dos jornalistas e dos bancários, entre os quais estava Valneri Antunes, futuro integrante da VPR e vereador de Porto Alegre. Havia, porém, um bom número de pessoas absolutamente desconhecidas. No geral, homens de quarenta ou mais anos, muitos deles integrantes de bases operárias do PCB, como da Carris, dos metalúrgicos, da indústria do vestuário. Alguns calvos, rostos morenos.

O PCB conhecera seu auge nos anos pós-guerra, quando saiu das urnas fortalecido. A decretação da ilegalidade do Partido pelo governo Dutra não impedira que o PCB continuasse atuante e com grande inserção social, principalmente nos meios intelectuais e sindicais. Mesmo após a reviravolta esquerdista do "Manifesto de Agosto" de 1950, em que o Partido pregou a insurreição e submeteu-se à mais estrita clandestinidade, circularam em Porto Alegre, por muitos anos, o jornal *Tribuna Gaúcha* e a revista teórica *Horizonte*, com contribuições de importantes intelectuais gaúchos. O PCB esteve à frente de grandes campanhas que marcaram a década de 1950, como a campanha "O Petróleo é Nosso" e a luta pela paz.

Apesar do trauma das denúncias dos crimes de Stalin, provocado pelo XX Congresso do Partido Soviético, o PCB conseguiu crescente presença na vida política nacional. Esse crescimento torna-se muito expressivo após 1958, quando a "Declaração de Março" faz autocrítica da linha adotada no início da década de 1950 e valoriza a democracia. Durante a presidência de João Goulart, o Partido tinha grande presença na sociedade e no governo. Na conferência municipal de Porto Alegre, e em tantas outras que se realizavam no Brasil nesse período, iniciava-se o maior racha que o Partidão sofreu em sua história. Alguns membros do Comitê Central, em 1967, agrupados na "Corrente", como Jacob Gorender, Mário Alves e Apolônio de Carvalho, tiveram a ilusão de constituírem um grande partido comunista com a linha que julgavam correta. Marighella apoiou a Corrente no início da luta interna, depois tomou um caminho próprio. O PCB racharia em dezenas de grupos e subgrupos.

Naquele final de maio ou início de junho de 1967, as discussões foram acirradas e emocionais. Não se tratava apenas do confronto de posições políticas, mas de conflitos que envolviam gerações e vivências extremamente diferenciadas. Militantes tinham na memória a ditadura do Estado Novo e suas atrocidades, as perseguições policiais do início da década de 1950 e a repressão que imperava após o golpe.

A verdade é que os discursos dos velhos camaradas, por mais racionais e, principalmente, emotivos, não convenceram, e a Dissidência elegeu a maioria do Comitê Municipal. O início da nova direção foi de muito trabalho. Intensificaram-se os cursos e ciclos de debates. Realizaram-se algumas publicações na gráfica do Partido, como dois textos de Mao, verdadeiras obras-primas do primarismo stalinista: *Sobre a prática* e *Sobre a contradição*. Comecei a participar do setor de agitação e propaganda, "agitprop" na linguagem da esquerda. Outros estudantes foram deslocados para assistir bases operárias. O primeiro resultado do trabalho do setor, criação dos publicitários, foi uma logomarca com o desenho de um fuzil-metralhadora abaixo da sigla Olas[13].

Já então, nas bases secundaristas, discutíamos a alternativa da luta armada contra a ditadura. Havia notícias de guerrilhas em diversos países latino-americanos. No Brasil o Movimento Nacionalista Revolucionário (MNR) e Brizola, fato evidenciado

---

13. Organização Latino-Americana de Solidariedade, criada em 1967 por iniciativa de Salvador Allende e composta por diversos movimentos revolucionários e anti-imperialistas da América Latina.

no fracasso de Caparaó, tentavam o caminho da resistência armada contra a ditadura.

Mas seriam a prisão de Régis Debray e os rumores de que o "Che" estava à frente da guerrilha na Bolívia os fatores determinantes da inflexão guerrilheira latino-americana. Em maio de 1967, o *Jornal do Brasil*, em seu caderno de cultura, publica uma síntese do livro de Debray *Revolução na Revolução*. Polemizando com a orientação maoista para os chamados países semifeudais e semicoloniais, que defendia a organização de guerrilhas em áreas liberadas que serviriam de base para sua atuação, dava-se um brilho acadêmico às teses guevaristas. Debray, utilizando-se habilmente das categorias marxistas, provocou a maior confusão. Inverteu tudo, a tática determinava a estratégia, o foco passava a ser o "grupo tático-estratégico", desaparecia o papel do partido operário, o foco era a direção do processo e embrião do novo exército, partido e estado.

A Conferência da Olas, em Cuba, no mês de agosto de 1967, realizou-se com as presenças de delegados brasileiros do MNR e do Agrupamento Comunista de São Paulo, representados pelo cabo Anselmo e por Carlos Marighella. A Declaração de Havana e a carta de despedida do "Che" lida por Fidel Castro durante o encontro foram elementos explosivos em nossos corações e mentes. Preparamos muitos lápis de pichação, sebo, parafina, pó de sapateiro e cobrimos a cidade com a sigla Olas e o fuzil. O lápis de pichação, extremamente ecológico, seria, no final da década de 1960, derrotado pelo "spray" à base de clorofluorcarboneto (CFC).

Aos poucos, a militância se misturava com os namoros; entre reuniões, pichações, passeatas, bares e cinemas, fomos formando casais de militantes. Vem dessa época a valorização dos espaços públicos. Em nossa pobreza e pelo relacionamento difícil com os pais das namoradas, sobravam os parques e praças para trocar beijos e carícias. Entrávamos madrugadas adentro namorando em praças inesquecíveis, algumas vezes interrompidos pela repressão, não no sentido psicanalítico, mas por brigadianos mesmo. Quando a Dissidência participa do Congresso Estadual do PCB, a decisão de ruptura já estava consolidada em face da avaliação da impossibilidade de conseguir maioria no Congresso Nacional e mudar os rumos do PCB. Quem militou em partidos marxistas-leninistas sabe que a tese do Comitê Central normalmente sempre será vencedora. Na busca de conseguir maioria nos fóruns partidários, houve inchaço nos dois campos. Só no Julinho tínhamos mais que duplicado o número de militantes. Chegamos a realizar reuniões da base com mais de quarenta estudantes. Muitos tinham se aproximado através das passeatas. Laerte Meliga nos procurou na barraca do "Grêmio Livre", mostrando os profundos vincos que os cassetetes policiais tinham provocado em suas costas. Tinha quatorze anos. O Minhoca, irmão do Cesar e primo do Ico, também na faixa dos quatorze ou quinze anos, recém-chegado de Santa Maria, ingressou na base.

Os secundaristas entram em confronto com a Dissidência. Não nos interessava se havia ou não resquícios feudais no campo brasileiro, qual categoria caracterizaria a contradição principal, se entre nação e imperialismo ou entre capital e trabalho, enfim, o chamado caráter da revolução brasileira, mas como poderíamos encaminhá-la. Para nós, não havia dúvida: era através da luta armada, da organização do foco, tarefa que a Dissidência não demonstrava a menor intenção de empreender.

A base sofria modificações. Alguns, como o Herédia, tinham se retirado por terem concluído o Clássico. Outros, como o presidente do Grêmio, se afastaram por pressões familiares, em face das expulsões e o agravamento da situação. O Ico havia se mudado para Santa Maria, onde começou a cursar a Faculdade de Economia e realizava tarefas partidárias. Um lindo dia, o Lorandi expropriou na livraria Coletânea a *Estética*, do Lukács, e se mandou para São Paulo, sem um tostão no bolso, amargando uma paixão não correspondida. Roubar na Feira do Livro era uma atividade normal, fazia parte das rotinas estudantis, numa época em que se lia bastante.

Mortificávamo-nos pensando no Lorandi sozinho na megalópole, comendo as páginas do Lukács para sobreviver. Por decisão da base, eu, que estava desempregado – havia sido despedido do SulBanco, trabalhado uns meses na Reitoria da UFRGS, sendo dispensado como pessoa não-grata, expulso do Colégio –, fui a São Paulo atrás dele. Na realidade, foi uma viagem perdida, mas fiz contatos com a Dissidência de São Paulo que, em breve, nos seriam importantes. Com as defecções, perdíamos muitos de nossos quadros mais experientes. A maioria dos remanescentes eram militantes que tinham se aproximado na fase dos atos autoritários da direção, do fechamento do Grêmio.

Na noite do dia 10 de outubro de 1967, estávamos no Centro, entre o Rian, dos sanduíches de pernil, e a Coletânea, junto à banca da esquina da Praça da Alfândega, quando lemos na capa de um jornal: "Morto Che Guevara". A manchete era acompanhada de uma foto do "Che" assassinado, com os olhos abertos e um certo sorriso difícil de definir. Estávamos em companhia do Marcos Faermann, o Marcão, jornalista da *Zero Hora*. Uma profunda emoção nos dominou. No casarão da Santo Antônio onde eu morava, preparamos muitos lápis de pichação. Porto Alegre amanheceu coberta com a frase: "Vingaremos ao Che". Muitas de nossas pichações foram em locais próximos a quartéis ou delegacias. Na delegacia da Avenida Cristóvão Colombo tentaram apagar a inscrição com ponta e formão, conseguindo produzir um baixo-relevo que perdurou por alguns anos.

Preparava-se a conferência secundarista, instância em que deveríamos nos posicionar sobre os rumos da Dissidência. A direção defendia a proposta de fusão com a Política Operária, a Polop, organização marxista formada por intelectuais, criando, inicialmente, a Frente de Esquerda Revolucionária. Dessa união, nasceria, em breve, o Partido Operário Comunista, o POC.

O Ico tinha retornado de Santa Maria e discutimos com ele nossa inconformidade com os rumos da Organização, como a falta de iniciativas para encaminhar a luta armada. Já anteriormente tínhamos conversado longamente, compartilhando nossas inquietações. Não pensava ainda, naquele momento, no rompimento com a Dissidência. Dessa feita foi diferente: concordou com a necessidade da ruptura e a organização imediata do foco guerrilheiro.

PRESIDÊNCIA DA REPÚBLICA
CASA MILITAR
SUBSECRETARIA DE INTELIGÊNCIA

Em conformidade com a Portaria n° 008, de 16 JAN 96, da Subsecretaria de Inteligência da Presidência da República, e em atendimento a requerimento de CLÁUDIO ANTÔNIO WEYNE GUTIERREZ, protocolado no dia 15 MAIO 97, declaro que nos arquivos em poder desta Subsecretaria há registros sobre fatos e situações com as seguintes indicações a respeito do requerente:

CLÁUDIO ANTÔNIO WEYNE GUTIERREZ, brasileiro, divorciado, funcionário público, filho de CÂNDIDO GUTIERREZ e MARIA WEYNE GUTIERREZ, nascido no dia 15 AGO 48, em Porto Alegre/RS, portador da Carteira de Identidade n° ▇▇▇▇▇▇▇ - SSP/RS e inscrito no CPF sob o n° ▇▇▇▇▇▇▇

Foi secretário e diretor da União dos Estudantes do Rio Grande do Sul.

Em MAIO 67, foi expulso do Colégio Estadual "Júlio de Castilhos", em Porto Alegre/RS, por ter, com outros, promovido manifestações ruidosas e coletivas, com incitamento e atos de rebeldia e desrespeito às autoridades escolares.

Participou do XX Congresso Estadual dos Estudantes de Grau Médio do Rio Grande do Sul, realizado de 17 a 23 JUL 67, na cidade de Uruguaiana/RS.

Participou da agitação estudantil ocorrida em Porto Alegre/RS, quando da instalação do Governo Federal no Rio Grande do Sul, em ABR 68.

Foi detido no interior do Colégio Estadual Júlio de Castilhos, no dia 10 MAIO 68, quando aliciava alunos do referido colégio para promover um movimento visando a fazer funcionar o Grêmio Estudantil, cujo funcionamento estava proibido. Em conseqüência, o diretor do DOPS determinou a instauração de Inquérito, por infração aos arts. 36, parte final, e 38, inciso II, da Lei de Segurança Nacional (LSN), tendo os autos sido remetidos a 1ª Auditoria da 3ª Circunscrição Judiciária Militar (1ª Aud./3ª CJM). Em 17 ABR 69, foi absolvido pelo Conselho Permanente de Justiça da 1ª Aud./3ª CJM. O Superior Tribunal Militar (STM), em sessão de 20 OUT

Amelinha Teles (à esq.) e Suzana Lisbôa (à dir.) em ato de familiares de mortos e desaparecidos políticos na esplanada dos ministérios. Brasília, 1995. Foto: Acervo pessoal de Suzana Lisbôa.

Geração 68 sempre na luta: José Keniger e Gutierrez em manifestação em Porto Alegre durante a pandemia de covid-19, julho de 2021. Foto: Acervo pessoal.

69, reformando sentença da 1ª Aud./3ª CJM, condenou-o, à revelia, à pena de 06 (seis) meses de prisão, como incurso no art. 38, item III, do Decreto-Lei nº 314/67, tendo, em 13 NOV 69, sido expedido seu mandado de prisão.

Em 27 DEZ 68, foi detido pelo DOPS/RS, juntamente com alguns amigos, por estar andando em um automóvel furtado. Nessa ocasião, portava um pacote contendo um revólver. Em seu interrogatório deixou claro ter conhecimento de que o automóvel em que viajava tinha sido furtado por seus amigos.

Militou na Vanguarda Armada Revolucionária-Palmares (VAR-PALMARES), tendo, posteriormente, militado na Ação Libertadora Nacional (ALN).

Em NOV 69, ingressou no território uruguaio solicitando asilo político. Posteriormente, requereu a cidadania uruguaia, por ser filho de uruguaio.

O semanário uruguaio "Marcha", em sua edição de 29 NOV 69, publicou um artigo intitulado "Uruguay- Brasil: el fin de las fronteras policiales", no qual condena as autoridades policiais uruguaias, por estarem colaborando com os policiais brasileiros, na repressão e "entrega" de refugiados brasileiros no Uruguai. Nesse artigo, o nome do requerente figura, entre outros refugiados brasileiros, cuja situação naquele país continuava pendente de decisão oficial.

Quando preso em Montevidéu, esteve internado em uma Unidade Militar, em face dos cortes que efetuou nos pulsos para evitar sua transferência para Rivera/Uruguai.

Em ABR 70, trabalhava no restaurante "O Cangaceiro", em Montevidéu.

Ainda em 70, realizou várias viagens ao Chile, Bolívia e Argentina, onde já estaria usando carteira de identidade e passaporte uruguaios.

Em MAIO 75, na base naval de Nor-Shipping, na cidade de Oslo/Noruega, aproximou-se de Guardas-Marinha brasileiros, dizendo chamar-se Jorge Luiz Mendes. Em conversa com esses militares brasileiros mostrou-se revoltado com essa classe e o poder instituído no Brasil. No entanto, afirmou ter desejo de voltar ao seu país.

É o que se contém arquivado neste Órgão até a presente data. ****************************************************************

Brasília/DF, 23 de junho de 1997

DAVID BERNARDES DE ASSIS
Assessor

Documento da Secretaria de Assuntos Estratégicos (antigo SNI) sobre a atividade política de Gutierrez e a pitoresca presença na Noruega em 1975. Fonte: APERS.

O golpe militar de 1964 em Porto Alegre (Praça XV de Novembro).
Foto: Museu de Porto Alegre Joaquim José Felizardo.

Violência policial na "passeata da Catedral", em Porto Alegre, que levou à expulsão de alunos do Julinho em 1967. Foto: Assis Hoffmann.

Movimento estudantil – protestos na Praça XV, [1968?]. Foto: Museu da UFRGS.

Os secundaristas em manifestação contra a ditadura, junho de 1968.
A partir da esquerda: Eunice Reis, Sayene Moreira, Suzana e Luiz
Eurico Lisbôa, Carlos De Ré e Sérgio Costa. Foto: Correio do Povo.

Capa das "Resoluções Políticas do Movimento Estudantil Gaúcho", apresentadas no I Encontro Estadual de Grêmios Estudantis, junho de 1968. Acervo pessoal de Suzana Lisbôa.

Matéria do jornal Correio do Povo sobre o "esquema de fronteiras da ALN" e a prisão de Frei Betto. Nas fotos, Vera Idiart (Dedé), Luiz Eurico e o autor.

Os "brancaleones" reunidos durante congresso da UGES em Santa Rosa - RS, julho de 1968. Acima: Sérgio Costa, Silvia Knijnik, Noeli Lisbôa, Carlos "Minhoca" De Ré, Eliane Lisbôa e Wilma Franceschi. Abaixo: Claudio Gutierrez, Luiz Eurico e Suzana Lisbôa, "Wakamoto", Neusa Knijnik, (não identificado), e (à frente) Laerte Meliga. Foto: Acervo pessoal de Suzana Lisbôa.

## Segurança Pública Confirma Ligação de Frei Beto Com Esquema Terrorista

A Secretaria de Segurança Pública liberou ontem, para publicação, uma série de elementos esclarecedores sôbre as atividades do dominicano Alberto Libanio Cristo, o frei Beto, acusado de manter ligações com o movimento terrorista estabelecido no País pelo comunista Carlos Marighela. O religioso permanece detido nas dependências do DOPS, em regime de incomunicabilidade.

Segundo as autoridades gaúchas, já não existem dúvidas sôbre a culpabilidade do religioso, que também se apresentava como "frei Renaldo", "Otávio Borges" "Renaldo Mates" e admitiu ter se avistado diversas vêzes com Marighela, de quem recebeu instruções para organizar um esquema de fuga para os terroristas procurados pelos órgãos de segurança do Centro do País.

Sôbre o assunto, o secretário de Segurança do Estado, cel. Jayme Mariath, distribuiu aos jornalistas o seguinte documento, sob o título de "Declaramento ao Público":

"Para conhecimento do público em geral, a Secretaria de Segurança Pública, em entendimento com os demais órgãos de informação, resolveu esclarecer a situação e a acusação formuladas a respeito de pessoas detidas em virtude de ligações com o grupo terrorista de Carlos Marighela.

Frei Alberto Libanio Cristo, conhecido por vários nomes, tais como Frei Beto, Frei Renato, Otávio Borges, Renaldo Mates e outros, em São Paulo, e sucessivamente desde maio no Seminário Cristo Rei. Segundo suas próprias declarações, teve vários contatos com Carlos Marighela, recebeu instruções para manter um esquema de fuga, tendo conseguido levar ao exterior pelo menos dos elementos ligados a atos de terrorismo em São Paulo, inclusive o Francisco Câmara Ferreira, vulgo Toledo. Fornecia documentos de identidade falsa, com o nome de Ronaldo Mates, como já foi amplamente divulgado pela imprensa.

Apontou várias pessoas nas plenárias no esquema em Pôrto Alegre, que estão sendo procuradas, entre elas: Vera Maria Miart, Luiz Eurico Tejera Lisbôa e Cláudio Antônio Weins Gutierrez. Presentemente, declarou ao DOPS suas ligações com elementos subversivos e procurava esconder-se nos meios ligados ao clero, como foi o inventário feito de 4 a 5 de novembro na Casa Paroquial da Igreja da Piedade. No dia 6, em face das notícias publicadas, transferiram o referido frei para uma casa de religiosos, onde o hospedaram sem dizer de que se tratava".

No dia 7, servindo-se dos esclarecimentos vem o proprietário de uma fazenda, sem que o mesmo soubesse, de que se tratava, levaram-na para lá, onde mais tarde foi detido.

Estiveram na casa paroquial, levados por frei Beto, os seguintes terroristas: Renaldo, Tiago e Toledo".

Procura o órgão de segurança averiguar os fatos arrolados a sua extensão, as implicações e participações de mencionadas pessoas.

O seminarista Francisco de Paula Paixão e Castro acompanhou um elemento de nome Gustavo, até a fronteira, onde estudou as facilidades locais, inclusive fazendo um croquis (anexo) sôbre a melhor maneira de atravessá-lo e os contatos a serem estabelecidos.

O órgão de segurança procura verificar sua participação em outras possíveis tarefas relacionadas com o esquema.

Padre Hermano Cirner, na casa paroquial da Igreja Santa Cecília, mantiveram Ana Maria Palmeira, Edvaldo Mendes Filho e José Bertolo Calvet (êste prêso e reconduzido para Pôrto Alegre), que foram apresentados por frei Beto. O padre Hermano Cirner mantinha relações de amizade com frei Beto sabendo, inclusive, que o mesmo usava outros nomes, tendo apresentado na referida paróquia como o seminarista "Renato".

Trata-se do órgão de segurança de apurar, com profundidade o conhecimento que o mesmo tinha das atividades desenvolvidas por frei Beto e também destino que tomaram as pessoas que passaram pela referida casa.

### DEMAIS PESSOAS

Tôdas as demais pessoas envolvidas tiveram ligações diretas ou indiretas com frei Beto, com os elementos subversivos no estrangeiro, ou receberam correspondência com frei Beto, respondem em liberdade ao inquérito policial em andamento e serão encaminhadas às Justiça, se fôr o caso, para serem apresentadas.

### PAIS DE FREI BETO EM P. ALEGRE

Apesar disto, os pais de frei Beto, que vieram de Minas Gerais para visitar o filho detido pelo DOPS, ainda confiam que se trata de um mal entendido e que sua inocência venha a ser comprovada.

Ontem, o advogado Antônio Carlos Vieira Cristo e d. Maria Estela Libanio Cristo

(Continua na 24a Página)

Vera Maria Idiart, a Dedé

Eurico Tejera Lisboa

Cláudio Antônio Weins Gutierrez

Gutierrez (segundo da esquerda para a direita) preso no DOPS em Porto Alegre, dezembro de 1968. Foto: Acervo pessoal.

Ficha de Claudio Gutierrez no DOPS-RS. Fonte: APERS.

A prisão ilegal no Uruguai denunciada através da imprensa: "Weyne Gutierrez segue incomunicável". Jornal El Popular, Montevidéu, janeiro de 1970.

O jornal uruguaio "De Frente" comunica com "indisimulado orgullo" o malogro da tentativa de sequestro pelo DOPS e Operação Bandeirantes.

# ISTOÉ

**ANISTIA A DERROTA DO GOVERNO**

Luis Eurico Tejera Lisboa (enterrado como Nelson Bueno)

## AQUI ESTÁ ENTERRADO UM DESAPARECIDO

Matéria de capa da revista IstoÉ, na semana da votação da Anistia, revela que Luiz Eurico fora enterrado no Cemitério de Perus-SP.

# Formando o Exército Brancaleone

Maçambara era, na época, uma pequena vila entre Itaqui e São Borja. Em Maçambara meu avô aportou no distante ano de 1904, após a derrota dos *blancos* e a morte de Aparício Saraiva, na última das revoluções cisplatinas. A direção da Dissidência entendeu que devia sair de circulação por um tempo, havia vazado para o Dops minha participação nas pichações. Estava em perigo a segurança do setor de "agitprop". Em vila Maçambara, em companhia de meu primo, o pintor Antônio Gutierrez, e acompanhado de uma mala cheia de livros, me dediquei a pensar em como poderíamos viabilizar o foco em nosso Estado. Um velho bloco guarda ainda algumas observações minhas escritas na ocasião:

> *A classe operária brasileira, embora com um nível de consumo muito distante dos países ricos do ocidente, apresenta condições de vida e sobrevivência regulares e mesmo privilegiadas em relação a outras camadas de nossas populações. Esta diferença se manifesta se comparadas suas condições de vida com as dos assalariados rurais, dos pequenos proprietários rurais e de outras camadas do campo e da cidade que vivem em favelas, vilas ou mocambos.*

A par disso, desfilavam todos os fatores do que hoje denominaríamos nosso "estado de mal-estar social" para provar a tese de que a classe operária brasileira era privilegiada. Criticava o caráter dos partidos comunistas latino-americanos e chegava à conclusão de que a única parte da população que não tinha nada a perder eram os assalariados e subassalariados do campo e os marginalizados da cidade: "O campo, nas condições históricas atuais é, na América Latina, a área de maior potencial revolucionário". À pergunta de como desencadear a luta armada respondia:

> Através do foco guerrilheiro, ou seja, da semilenta destruição do estado burguês pela guerrilha rural. Assim, toda a carcaça de ideologias produzidas pelo status quo injusto, razão de sua manutenção, ruirá por terra. Só através da luta armada rompem-se quatro séculos de subserviência. À medida que os revolucionários dão combate aos exércitos burgueses, vai-se destruindo o mito do poder e da dominação.

O texto tem forte influência da literatura foquista da época. Existem expressões como "grupo tático-estratégico móvel", que era a linguagem guevarista com o viés acadêmico do Debray para caracterizar o foco guerrilheiro. Sem dúvida, teríamos dentro de muito pouco tempo uma boa lição a respeito do "mito do poder".

A Conferência aconteceu em novembro de 1967. Saímos de uma festa de aniversário e ficamos namorando em bancos no Parque da Redenção, perto do Auditório Araújo Vianna, até vermos o sol nascer entre as copas das árvores. Às sete e meia caminhamos até a frente do cinema Rio Branco, onde tínhamos marcado o ponto com os companheiros do Parobé, e nos dirigimos até um pré-vestibular, o cursinho do professor Paulo Tim na Avenida Osvaldo Aranha, onde aconteceu a reunião.

Enfrentávamos no debate o Fabinho e o Wladimir Ungaretti, que defendiam a linha da Dissidência e a aproximação com a Polop. A verdade é que nossas posições não seriam abaladas pelas intervenções – as amizades um pouco – por mais articuladas e fundamentadas que fossem. Queríamos organizar o foco e éramos ampla maioria, unidos por laços de ideias e, principalmente, de afetos.

Depois da Conferência, a cisão estava feita. Começamos a discutir maneiras concretas de encaminhar a guerrilha. Não tínhamos dinheiro, armas ou treinamento militar. Um amigo do Ico de sua época de Ação Popular abriu-nos a possibilidade de conseguirmos uma área no campo, sua família tinha uma fazenda no Mato Grosso. A perspectiva de um campo de treinamento para nossa guerrilha, e até uma base de atuação do "grupo tático-estratégico", nos entusiasmou. Começamos a listar os nomes dos que deveriam se deslocar para a área e a pensar maneiras de conseguir armas, dinheiro e aliados para concretizar o empreendimento. O Schimit se encarregou de buscar contatos com os foquistas históricos ligados ao MNR. Assim, através do Jairo de Andrade, do Teatro de Arena, conhecemos a Vera Maria Idiart, a Dedé, que se integrou ao nosso grupo.

Eunice Reis, a Nice, e Sayene Moreira eram amigas inseparáveis, colegas do Julinho e militantes da base, adoravam a imensa obra de Balzac. Nice era filha de um capitão aposentado do Exército; o pai da Sayene era coronel da ativa. Conhecíamos o perfil de Ilus Moreira e de seu primo, o major Áttila. Ilus e Áttila eram ligados aos setores de inteligência do Exército e fascistas convictos. Um dos rasgos de caráter que os unia era um profundo antissemitismo e anticomunismo. Sabíamos que o pai da Sayene tinha em casa metralhadoras. Resolvemos desapropriá-las.

No edifício da esquina da Avenida Osvaldo Aranha com a Avenida Cauduro, onde morava o coronel Ilus, também residia o jornalista Marcos Faerman, o Marcão, da direção da Dissidência. Para complicar ainda mais a operação, a família do Ico estava para se mudar para o mesmo prédio. Na segunda quinzena de dezembro, o coronel se dirigiu para Capão da Canoa com a família. Era o momento ideal.

A desapropriação ficou a cargo do Ico e meu. Quando entramos no prédio, havia uma comitiva da Dissidência à nossa espera. Saímos e discutimos durante meia hora. Proibiam-nos de seguir a ação, o risco era muito grande. Acenavam-nos com trabalhos especiais num setor militar que criariam. Toda a argumentação foi em vão. Seguimos em frente.

No apartamento do coronel, verificamos que haviam desligado a chave geral da eletricidade na caixa de luz do edifício, à qual não tínhamos acesso. Abrimos um pouco as janelas, em vão, era uma noite nublada. Archotes improvisados provocaram um princípio de incêndio, velas encontradas na cozinha salvaram a continuidade da ação. Vasculhamos toda a casa e nada das metralhadoras. Um sofá na sala, desses que possuem um baú interno, estava cheio de apetrechos militares, entre os quais uma metralhadora desarmada e uma pistola Lugger. Numa mala do próprio coronel colocamos os achados e, deixando a casa no maior pandemônio, nos retiramos. Eram umas duas da madrugada.

Verificando o resultado da ação, ficamos muito decepcionados. A metralhadora, uma Sten MKO, arma inglesa com pente lateral usada na 2ª Guerra, não tinha cano. A Lugger era imprestável, pois não tinha mais estrias. Sobraram-nos algumas granadas de efeito moral e um manual da inteligência militar. O manual era um texto de treinamento para militares latino-americanos no Panamá, onde a tortura, a bem da verdade, era implícita, ao se colocar a necessidade de outros métodos para aprofundar os interrogatórios. A contribuição da CIA e do Pentágono para a repressão latino-americana deu-se mais para a formação das estruturas do terror de Estado, montagem dos serviços de informação e contrainformação, preparo de analistas e a necessidade de usar a violência física e psicológica para obter informações. Quanto aos métodos concretos, cada país latino-americano tinha tecnologia própria, amplamente usada contra os marginais, como o nosso brasileiríssimo "pau de arara".

Como era de se esperar, o coronel, quando chegou da praia, ficou furioso. Fomos novamente procurados pela Dissidência. Flávio Koutzii, num fuca branco que tinha na época, nos fez uma longa preleção sobre a questão da luta armada e sobre a responsabilidade do dirigente em um processo em que muitos jovens morreriam, como já acontecia em outros países da América Latina. Sempre me lembrarei desta conversa como premonitória. O Flávio viveria, alguns anos depois, o drama argentino.

A Dissidência nos pedia que saíssemos da cidade por um tempo. Ofereciam passagens e a casa de companheiros em São Paulo, mas devíamos entregar as armas. Não entregamos as armas, mas aceitamos a ida a São Paulo. Queríamos fazer contato com os grupos que estavam organizando a guerrilha em São Paulo e no Rio.

A São Paulo de janeiro de 1968 já era ameaçadora em seu gigantismo, especialmente para o nosso provincianismo. Ficamos na casa de um professor universitário da Universidade de São Paulo (USP), um intelectual simpático e hospitaleiro, militante da Polop. Não colocou qualquer dificuldade à nossa movimentação pela cidade, apenas pediu que evitássemos a "boca do lixo", área do meretrício, pelas blitz que a polícia realizava.

O pequeno apartamento do nosso contato com a Dissidência-SP, a quem de imediato procuramos, era extremamente bem decorado. A tampa do vaso tinha, em seu lado interno, uma foto do Lyndon Johnson, presidente americano. Expusemos nossas diferenças políticas com a linha da Dissidência do Rio Grande do Sul e com a pretendida fusão com a Polop. Marcou-nos um ponto no Crusp, Conjunto Residencial da Universidade de São Paulo, com o Jeová e o Russo.

O Crusp nessa época era uma festa. O governo Costa e Silva havia afrouxado um pouco os controles da ditadura, havia esperanças de uma maior abertura política. O Lacerda estava na oposição, e acenava para os ex-presidentes Juscelino e João Goulart com a formação da Frente Ampla de oposição ao regime militar. O elevador do Crusp mostrava o espírito do coletivo que íamos visitar: entre frases pornográficas e declarações de amor havia uma que se sobressaía: "Visite a Polop antes que acabe."

Jeová e Russo não se consideravam foquistas, viam a guerra de posições e movimentos com grupos armados atuando no campo e na cidade. É claro que o estratégico era o campo com o cerco às cidades. Do Crusp, fomos à casa do Jeová, onde aprendemos a tomar batida de cachaça com morango. Nossos contatos com a Dissidência-SP se prolongaram. Conversamos com estudantes, com velhos comunas, e conseguimos contatos com outros grupos que se preparavam para a luta armada, particularmente com a dissidência da Polop.

O encontro com a dissidência da Polop se revelou mais produtivo a longo prazo. Estavam em processo de fusão com o setor do MNR do Onofre Pinto. Pretendiam organizar o foco, e já realizavam algumas ações de desapropriação, visando a obter recursos com este fim e para a manutenção de numerosos militantes clandestinos, a maioria ex-militares. Ao comentarmos que tínhamos uma metralhadora que precisávamos consertar, nosso contato ficou muito interessado. A organização dispunha de excelentes armeiros, estando nos planos, inclusive, a construção de uma fábrica de armas. Todas as organizações da época eram obcecadas por construir sua fábrica de armas. A ideia mais comum era produzir metralhadoras a partir de amortecedores de automóveis. A realidade, porém, era cruel, revelou-nos. Todo o armamento "pesado" de que a VPR em formação dispunha era uma submetralhadora Thompson lata de goiabada, daquelas usadas em *Bonnie and Clyde*, para falarmos de um filme de muito sucesso na época. Em nossa despedida de São Paulo rumo à cidade do Rio de Janeiro, assistimos ao filme *A guerra acabou*, de Alain Resnais. História de um comunista espanhol, representado por Yves Montand, o filme é crítico sobre a esquerda em geral. Num diálogo com jovens radicais que, através de atentados à bomba, pretendiam impedir a vinda de turistas para a ensolarada Espanha, o velho militante afirma: "Vocês querem tapar o sol com a peneira". Desembarcamos no Rio de Janeiro, ainda com ares de capital do Brasil, muito dispostos a tapar o sol com a peneira. Conseguíramos em São Paulo contatos com as Dissidências do Rio e da Guanabara. Nossos contatos com a Dissidência da Guanabara foram absolutamente frustrantes.

Jeová nos havia passado um telefone cifrado e as senhas e contrassenhas para a aproximação com a Dissidência do Rio. Embarcamos na balsa para Niterói e procuramos uma cabine telefônica. Aí, aconteceu o imprevisto: havíamos esquecido o algoritmo de codificação do telefone. Era algo assim como subtrair um a todos os números e inverter em duplas. Já passavam das 12h30 e tinham sido testadas mais de 14 tentativas de combinações numéricas, quando uma voz respondeu a contrassenha combinada.

Tínhamos absoluta coincidência de pontos de vista com a Dissidência do Rio de Janeiro. O militarismo exacerbado da organização os levou a vender a gráfica do Partido para montar o foco. Combinamos senhas e contrassenhas para futuros encontros que jamais sucederam. Poucos meses depois foram exterminados pela repressão. A sigla MR-8 era deles, a Dissidência da Guanabara a assumiria por ocasião do sequestro do embaixador americano, em setembro de 1969.

Nossa última agenda em terras cariocas foi com o Brito, no Calabouço. O Calabouço, restaurante estudantil onde funcionavam cursos de madureza[14], era uma república à parte. No verão ensolarado de 1968, fomos convidados a participar de uma passeata que estavam organizando, uma correria de algumas dezenas de estudantes gritando palavras de ordem, e de uma assembleia no Sindicato dos Metalúrgicos, que aconteceria à noite. No Sindicato, uma massa de estudantes exigia o direito de voz na assembleia aos gritos de "Deixa o estudante falar".

Em meados de janeiro, retornamos a Porto Alegre. A Dedé conseguira um armeiro amigo que dizia ter condições de consertar a metralhadora. Levamos a Sten para um sítio, na Lomba do Pinheiro, que pertencia ao sargento Dario, o Dida, ligado ao MNR. Dida solicitou que providenciássemos um cano de trinta e oito especial, no qual fresaria uma abertura para o extrator.

Perdemos nossa área de treinamento no Mato Grosso. Um lindo dia, enquanto conversávamos na Praça da Alfândega, o amigo do Ico, citando a famosa frase utilizada por Lênin, "o caminho do inferno está ladrilhado com boas intenções", avisou-nos que estava fora daquela. Nossas loucuras não eram muito diferentes das da Ação Popular ou das dos Possadistas, mas mais perigosas. A AP, na época já citando Mao a dois por três, acreditava numa pretensa zona liberada sob o comando do Padre Alípio, em algum recanto perdido do Brasil, com muitos milhares

---

14. Curso supletivo equivalente ao atual EJA, ministrando disciplinas dos antigos Ginasial e Colegial.

de camponeses armados pela China. Os possadistas, em OVNIS que eram aliados potenciais da revolução, pois, pela tecnologia altamente desenvolvida, certamente estariam num estágio social que só podia corresponder à fase comunista. Depois de muitas idas e vindas à granja do Dida, o impossível aconteceu. A metralhadora estava consertada. No mínimo, na modalidade semiautomática, isto é, tiro a tiro. Não tínhamos como testá-la disparando rajadas no sítio sem despertar suspeitas. No início de fevereiro, recebemos a visita da VPR. Laércio, nome de guerra de Wilson Fava, vinha com o intuito de estreitar laços conosco e com o grupo do Carlos Araújo, a Frente. Ficou hospedado na casa do Luís Goulart, num apartamento do edifício onde funcionava a Associação dos Funcionários Públicos, na esquina da Andradas com a João Manoel. Ofereceu-se para levar a MKO para São Paulo, o que agradecemos, pois já a havíamos consertado. Pediu, também, que entrássemos em contato com outro grupo que se estava organizando em Porto Alegre, se possível integrando-nos. Assim, conhecemos o Félix Rosa Neto, estudante de Arquitetura e funcionário do Banco do Brasil.

Organizamos os primeiros cursos em técnicas guerrilheiras e de sabotagem. Preparávamos minuciosos e detalhados planos de desapropriações, quando o Ico soube que a direção da Uges estava com lideranças de esquerda, alguns deles com origem no PCB e que queriam dotar a entidade de uma postura combativa e popular. No início de fevereiro de 1968, tivemos uma reunião com o presidente da Uges, Luiz Andrea Favero. O Ico fez uma exposição do que pensávamos sobre o momento que o País atravessava, a atuação do imperialismo no mundo e, particularmente, na América Latina, sobre Cuba e a Olas. Favero insistiu para que viéssemos compor a equipe da Uges junto com o seu grupo. Pouco depois, conhecemos o Emilio Ivo Ulrich, o Orlando Pedro Michelli e o Galhardo.

Reunimos a Organização e discutimos o que fazer. A União Gaúcha era uma importante frente de massas, tinha um orçamento significativo, pois centralizava a emissão das carteiras estudantis que garantiam a meia-entrada nos cinemas. Favero e seus companheiros pareciam-nos pessoas sinceras e confiáveis. Resolvemos que, sem prejuízo da organização do foco guerrilheiro, participaríamos da Uges. Assim se formou o núcleo central do Exército Brancaleone, os remanescentes das bases secundaristas, o Félix, a Dedé e a turma da Uges.

# 1968 – O povo armado derruba a ditadura

Em março de 1968, fomos a um encontro da Uges em Santana do Livramento. Deslocou-se para Santana um grande número de estudantes de Porto Alegre, entre os quais o Nilton Rosa, o Bem-Bolado. O Bem-Bolado, estudante do Julinho, natural de Cachoeira do Sul, era um tipo humano característico e marcante. Fisicamente, lembrava o personagem Rolo do Maurício de Souza, e andava sempre com uma pilha de livros debaixo do braço: Sartre, Camus, Kafka. Não pertencia à organização, mas andava sempre nas nossas confusões. A hospedagem do Bem-Bolado na casa onde ficamos foi condicionada a que tomasse uma ducha de chuveiro, coisa que fez a contragosto e tiritando, pois na Rivera de março de 1968 o tempo já era frio.

Não me lembro de resoluções políticas do Encontro de Santana do Livramento. Mas houve um episódio que certamente ficaria guardado na memória de todos os que estávamos lá presente. A Uges tinha sofrido intervenção em 1964, e era dirigida por estudantes que tinham o beneplácito da ditadura. É necessário lembrar que o Rio Grande do Sul foi, talvez, o único estado da Federação onde existiram entidades estudantis, tanto secundaristas quanto universitárias, sob o controle da direita. Muitas vezes, os encontros da Uges no interior dispunham de alojamento e alimentação fornecidos por quartéis. Na abertura e encerramento dos encontros, era comum que estivessem presentes o prefeito da cidade e as autoridades militares. Num ato de bravata, o Favero garantiu-nos que faria um discurso no encerramento do encontro homenageando o Che Guevara.

Com o salão do mais importante clube de Santana do Livramento absolutamente lotado, presentes na mesa o Prefeito, o Presidente da Câmara e o Comandante Militar da Região, encerrava-se, com toda a pompa, o Encontro de Estudantes Secundaristas em Santana do Livramento. Depois de um discurso em que exigiu a urgente melhoria nas condições do ensino brasileiro e atacou o acordo com a USAID porque feria a dignidade nacional, Favero pediu que se homenageassem todos aqueles que tinham sido assassinados por lutarem por seus ideais. Citou Tiradentes, Ghandi, Kennedy e Ernesto Che Guevara, pedindo que todos, de pé, ficassem um minuto em silêncio. Espantados, assistíamos ao coronel e a outros representantes do autoritarismo e do conservadorismo local prestando homenagem ao Che guerrilheiro.

Estávamos na Uges, rodando as resoluções do Encontro de Santana, quando soubemos, pelo rádio, na noite do dia 28 de março de 1968, do assassinato do estudante Edson Luís na cidade do Rio de Janeiro. A notícia provocou uma profunda comoção em todo o País. Para nós que vínhamos de visitar o Calabouço, ela era especialmente dolorosa. O assassinato de Edson Luís acontecera numa das inúmeras manifestações-relâmpago convocadas no final da tarde pela Frente Unida dos Estudantes do Calabouço (FUEC), como aquela de que participáramos dois meses atrás. O corpo de Edson Luís fora levado para a Assembleia do Estado do Rio de Janeiro, onde foi velado numa noite cheia de tensões.

Passamos toda a noite na sede da Uges, na Av. Ipiranga, rodando panfletos denunciando o assassinato e chamando os estudantes e o povo a irem às ruas lutar contra o regime militar. No dia 29 de março, no Rio, uma multidão, calculada em mais de cinquenta mil pessoas, acompanharia o enterro, num impressionante ato de repúdio à ditadura.

O início de abril seria marcado por mobilizações em todo o País. O governo Costa e Silva estava instalado em Porto Alegre. Em nossos panfletos e mosquitinhos utilizávamos uma linguagem radicalizada e provocativa:

> *A ditadura militar, na sua escalada contra o povo e as liberdades democráticas, desconhece limites e assassina estudantes. De norte a sul do Brasil a Nação se rebela contra o autoritarismo e, em memoráveis jornadas pelas liberdades, enfrenta a sanha criminosa, usando contra a violência do poder armado a indignação e a violência dos oprimidos. Os estudantes gaúchos e o povo em geral estão chamados a se fazerem presentes nas ruas, pondo fim ao regime de terror com os meios ao seu alcance.*

Não parávamos. Inundamos a cidade, particularmente as escolas e universidades, com panfletos. Num destes momentos, o Favero foi preso. Com o Favero preso, e em conjunto com os Diretórios Acadêmicos das universidades, realizou-se uma grande manifestação pelas ruas de Porto Alegre, no dia 4 de abril. O apoio da população era muito grande, éramos aplaudidos durante o trajeto e chovia papel picado dos edifícios. Também foi realizada uma missa de sétimo dia na Igreja da Conceição.

Já dispúnhamos de alguma tecnologia de passeatas, particularmente com os acontecimentos de 1967. Algumas providências: os mastros de bandeiras e faixas deviam ser robustos e facilmente manejados como porretes. O Zeca, José Keniger, irmão da Suzana e porta-bandeira oficial da UNE nas passeatas de 1967, havia demonstrado a potencialidade do mastro-porrete bem manejado. Contra a cavalaria, utilizava-se grande estoque de bolinhas de gude, que serviam como projetis para serem arremessados por bodoque, e também rojões. Uma coluna de estudantes munidos de rojões impedia o avanço da cavalaria e, não raramente, provocava humilhantes e doloridos tombos nas ruas empedradas. Não me esqueço de uma carga de cavalaria tentando descer a Rua da Ladeira enquanto nós organizávamos uma fileira de estudantes com rojões. À nossa frente, o Calino brandia um facão nas pedras do calçamento, tirando fagulhas; os cavalos relinchavam, corcoveavam e derrubavam os cavalarianos, que não conseguiam avançar. Distribuíamos nas escolas barras de ferro de construção, cortadas com 30 ou 40 centímetros. Formávamos grupos de combate de cinco ou seis estudantes, alguns com molotovs.

Nas manifestações contra a morte de Edson Luís em Porto Alegre, as chamas atingiram um jipe e um camburão da Brigada. Igual sorte teve uma alegoria que saudava a presença de Costa e Silva em solo gaúcho. Enquanto nos manifestávamos e enfrentávamos a polícia, o ditador recebia da Universidade o título de Doutor "Honoris Causa". Costa e Silva cumpriria, ainda, extensa programação pelo Estado, chorando em Taquari, sua cidade natal, dançando em Pelotas com dona Heloísa, a *Carolina* do Chico. Havia grande simpatia popular para com os estudantes, e muitos se incorporaram à passeata.

As tarefas de direção da Uges em circunstâncias tão especiais como as que vivia o País, levavam-nos a um ativismo contínuo. Seria difícil calcular o número de estudantes da Capital que começaram a participar da entidade, porém eram muitos. Moças e rapazes do Julinho, Parobé, Aplicação, Inácio Montanha e, inclusive, de colégios particulares, como o Rosário e o Anchieta, entravam e saíam da sede inacabada da Uges. Tínhamos dificuldade de penetração em algumas escolas, como o Instituto de Educação, mas havia companheiras do Instituto que nos apoiavam. As viagens eram constantes: para Pelotas, Caxias, Uruguaiana, Canela, Palmeiras das Missões. Só em Palmeiras das Missões, por ocasião de uma greve na escola técnica de agricultura, ficamos mais de uma semana acampados com os estudantes, no meio do mato. Os alunos haviam tomado as dependências do estabelecimento agrícola em protesto pelas péssimas condições de educação e alimentação. No acampamento, entusiasmávamo-nos com a potencialidade da região para o foco. Nessas viagens, éramos críticos severos do regime militar e propagandistas da luta armada. Em Cachoeira do Sul, terra do Calino e do Sérgio Costa, percorremos a campanha em contato com agricultores e empregados rurais, amigos da família do Calino, ansiosos por ver as condições para estabelecermos uma base de guerrilha. Ao Ubiratan de Souza, o Bira, futuro integrante da VPR, e combatente na guerrilha do Vale da Ribeira, perguntamos sobre as condições de esvaziar o arsenal do quartel onde prestava o serviço militar obrigatório.

Os idos de maio registraram em Porto Alegre alguns acontecimentos tumultuados, mas foram carentes de grandes manifestações de massa. O "Maio de 68", em Porto Alegre e em todo o Brasil, foram os meses de abril, junho e julho. Os sindicatos tentaram conseguir a licença do governo do Estado para realizarem uma comemoração do 1º de Maio no Parque Alin Pedro, no IAPI. No dia do ato, foram presos o então deputado estadual Lauro Hagemann e o presidente do Sindicato dos Bancários, Valneri Antunes.

Na segunda semana de maio de 1968, recebemos na Uges um abaixo-assinado dos estudantes do Julinho pedindo a reabertura do Grêmio Estudantil, que continuava fechado desde os eventos de 1967. Dirigimo-nos, o Luiz Eurico e eu, para o Colégio, com a intenção de falar com os estudantes e a direção. O diretor deixava funcionar um centro com finalidades culturais e esportivas, vedada qualquer manifestação política, que era dirigido por Antônio Britto, que viria a ser governador do Rio Grande do Sul. Essa entidade negociara com a Umespa o direito de emitir as carteiras estudantis que davam direito ao desconto no cinema e espetáculos. Não tinha, porém, o status de grêmio estudantil. Ao tentarmos falar com o diretor, fomos, em poucos minutos, cercados por brigadianos e pelos seguranças do colégio. Logo a seguir, os agentes do Dops, cuja sede ficava a duas quadras do Colégio, nos retiravam detidos. Ficamos no Dops por mais de duas semanas. Foi aberto um inquérito contra nós, com base na Lei de Segurança da época, o Decreto-Lei nº 314, de 1967, por "tentativa de reabertura de entidade ilegal". Esse dispositivo da Lei de Segurança foi criado com a intenção de processar militantes do PCB, entidade considerada ilegal desde 1947.

O Maio Francês foi recebido por nós com muita alegria, e parecia que a revolução, com seu caráter internacionalista, estava na ordem do dia. Os protestos de rua tinham encurralado o governo De Gaulle, e eram acompanhados de uma greve geral operária que paralisou a França. Na Itália, também pipocavam manifestações com apoio operário. A ofensiva do Tet dos vietcongues levava o gigante imperialista aos criminosos bombardeios de napalm e ao envio de maiores contingentes à frente de luta. As universidades norte-americanas ferviam, mobilizadas contra a continuidade da guerra, e os Panteras Negras enfrentavam com táticas guerrilheiras o monstro imperialista e racista em seu próprio ventre. A rebeldia da Primavera de Praga parecia destinada a mudar o "socialismo realmente existente". Isso nos estimulava e torcíamos para que a revolução triunfasse no Velho Mundo. É equivocado, porém, pensar que as manifestações que aconteceram em 1968 no Brasil foram abalos sísmicos derivados do terremoto no Primeiro Mundo. Tínhamos nossa própria dinâmica. O certo é que o mundo, nesse período, conheceu um grau de mobilizações e manifestações, em palcos absolutamente distantes e diferenciados, como talvez nunca, antes ou depois, tenha acontecido. No início de junho, voltamos a receber a visita do Laércio da VPR. A organização era, junto com a ALN, a mais ativa do Brasil, com diversas desapropriações e roubos de armas com sucesso, como no Hospital Militar na cidade de São Paulo, de onde haviam levado 13 fuzis FAL. Laércio trouxe-nos de presente um pacote de dinamites, detonadores e mechas. Contava-nos que o trabalho no campo da VPR estava adiantado e que era possível que iniciassem ações guerrilheiras antes do final do ano. Envolvidos com a Uges e suas atividades, buscávamos não abandonar a esperança de organizarmos o nosso foco guerrilheiro. Recusávamos a ideia de ser um apêndice da VPR. Continuávamos a reunir-nos e, eventualmente, fazíamos alguma atividade ligada à preparação para a luta armada.

Foi assim que a Dedé nos apresentou o capitão Jorge, quadro com ampla experiência militar que se propunha a dar orientações sobre ações guerrilheiras. O Nilton Bento morava, na ocasião, num apartamento na Rua Ramiro Barcelos, junto com o Luiz Carlos Rettamozo, o Retta. O apartamento era absolutamente caótico e o usávamos como principal local de reunião. O AP do Nilton guardava todo o nosso arsenal, como a Sten MKO e outras armas que fomos adquirindo. Obviamente, a dinamite e os detonadores estavam em seu apartamento. O curso do capitão, em determinado momento, versava sobre manejo de explosivos, sobre os cuidados que se tem que ter com a dinamite e o fenômeno da exsudação, ou seja, quando a banana começa a expelir gotículas de nitroglicerina, altamente instáveis e explosivas. Gotículas que exalavam um cheiro característico, como o que ele sentia naquele momento. Pedimos que se levantasse do baú onde estava sentado e retiramos o pacote com os cartuchos. O capitão, com todo o seu sangue frio, começou a suar. Limpou cuidadosamente as dinamites e as mudou de posição, continuando a aula.

O movimento estudantil no mês de junho de 1968 estava retomando seu ritmo de mobilizações. Diversas faculdades registravam movimentos grevistas, e as escolas tinham um alto grau de mobilização. Havíamos convocado o 1º Encontro Estadual de Grêmios Estudantis para o final de semana dos dias 21 a 23 de junho e conseguido autorização da Secretaria de Segurança para que o evento se realizasse no Auditório Araújo Vianna. Sempre que solicitávamos permissão legal para atos públicos nos sugeriam o Parque da Redenção, o que recusávamos, pois ninguém estava a fim de fazer passeata e discurso para os macacos do minizoológico. Conseguimos licença para realizar o Encontro no Auditório Araújo Vianna, certamente porque era na Redenção. O Encontro era muito importante para nós. O Congresso da Uges que elegeria a nova direção estava marcado para o final de julho, e a ocasião serviria também para fortalecermos o "Movimento 21 de Abril", nome que assumíamos na frente de massas.

Para o Encontro, preparamos um caderno de teses e resoluções sob a coordenação do Ico e com contribuições minhas e do Favero. A capa da publicação foi feita pelo Nilton e pelo Reta, trabalhando uma foto de passeata do Maio Francês em que colocaram símbolos que usávamos em nossas manifestações, como uma bandeira com o triângulo da Inconfidência Mineira, uma cara do Che e cartazes de "Mais verbas" e "Abaixo a Ditadura". Junto, ia um suplemento, "Declaração de Princípios do Movimento Secundarista", redigida pelo Ico, com forte influência das Declarações de Havana. O texto começava analisando o avanço do movimento estudantil no mundo:

> *Das barricadas do Quartier, em Paris, às avenidas de Roma; de Ancara, na Turquia, à Londres aristocrática; dos Estados Unidos capitalista à Iugoslávia socialista; de Tóquio, no Oriente, a Berlim Ocidental; da China Popular ao Calabouço na Guanabara; de Leste a Oeste; dos países desenvolvidos aos povos oprimidos do Terceiro Mundo, a juventude contemporânea alcança sua unidade política e sua expressão histórica na luta por uma ordem socioeconômica mais humana, por uma mais equitativa distribuição de riquezas e oportunidades, pela preservação da Democracia e da Paz.*

A Declaração de Princípios finalizava chamando a luta contra as ditaduras e conclamando a juventude à Segunda Guerra de Independência Americana:

> *DENUNCIAMOS a farsa demagógica das tiranias que oprimem, silenciam pela violência, exploram, suprimem as Liberdades em nome dos interesses do povo, para melhor esmagá-lo e sugar-lhe as últimas energias;*
> *CONCLAMAMOS o sangue jovem da América Latina a se fazer presente na História, unindo mais uma vez os povos irmãos deste Continente, na IIª Guerra da Independência;*
> *PROCLAMAMOS que é tarefa desta geração construir dos Andes ao Atlântico, da Patagônia às águas ensanguentadas do Rio Grande, uma América Livre, unida e do povo.*

A realização do Encontro foi coincidente com mobilizações em todo o Brasil e choques entre estudantes e a repressão. No Rio de Janeiro, na quarta, na quinta e particularmente na sexta-feira, 21 de junho, dia de abertura de nossa plenária, houve grandes manifestações. O dia 21 de junho no Rio ficou conhecido como a "sexta-feira sangrenta". Numa explosão de fúria popular que extravasou qualquer liderança do movimento, a polícia levou a pior e, durante horas, houve grandes enfrentamentos em muitos pontos da cidade, onde morreram estudantes e populares.

No Estado, durante esse período, diversas faculdades estavam em greve. À frente das faculdades grevistas estava o DCE-Livre e os Diretórios Acadêmicos da Arquitetura, Filosofia, Direito, Biblioteconomia e Geologia. Tratativas feitas junto à Assembleia, ao governo do Estado e à Secretaria de Segurança, buscando conseguir a permissão para manifestações autorizadas, foram sistematicamente negadas por Ibá Ilha Moreira[15].

No dia 25, a Uges, em conjunto com o DCE-Livre, chamou uma concentração em frente à Reitoria. A Avenida Mauá e todo o entorno da Praça Quinze estavam com tropas da Brigada estacionadas. Nas cercanias do Mercado Público, pequenos grupos dispersos de estudantes esperavam o momento, quando Jaime Rodrigues, estudante de Arquitetura, devia iniciar o ato. Precedido por estouro de rojões, Jaime começou a discursar, chamando a passeata, sendo imediatamente cercado por policiais civis. As labaredas de uma molotov fizeram os policiais recuarem e empunharem suas armas. O avanço da cavalaria provocou correrias e lutas em todo o Centro de Porto Alegre.

Os jornalistas que cobriam o evento foram reprimidos, tendo seus instrumentos de trabalho apreendidos. O Sindicato dos Jornalistas, em nota oficial, protestou contra o espancamento dos profissionais da imprensa e exigiu a devolução das máquinas

---

15. Secretário de Segurança Pública do Estado do RS nos anos de 1967-68.

fotográficas e filmadoras apreendidas, assim como a punição de todos os culpados pelos desmandos. A Brigada declarava que tinha informações de que subversivos infiltrados tiravam fotos das tropas para estudar a forma de atuação das forças de segurança, sendo esta a causa de "algum excesso". A Brigada passaria a distribuir braceletes para a imprensa se identificar, e garantia que os jornalistas credenciados não seriam molestados. A Associação Riograndense de Imprensa, através de seu presidente Alberto André, também protestou contra as arbitrariedades policiais. Nos idos de 1968, os "Comunicados" da Brigada e da Secretária de Segurança, divulgados a todo momento pelas rádios, eram absolutamente catastrofistas e criavam um clima de guerra civil na cidade.

Em 26 de junho, após intensas articulações, foi autorizada e realizou-se a maior manifestação de massas na cidade do Rio de Janeiro antes das Diretas-Já: a Passeata dos Cem Mil. Na passeata estavam presentes a comunidade cultural, setores do clero, estudantes e populares. No mesmo dia, a VPR explodia uma caminhonete cheia de dinamite na frente do QG do II Exército na cidade de São Paulo. Era resposta a pronunciamento do II Comando Militar segundo o qual os "terroristas só atacavam hospitais e pelas costas". Dessa maneira, a Organização conseguiu se livrar dos quase trezentos quilos de explosivo que tinha levado de uma pedreira. O atentado matou um sentinela do Exército.

Em Porto Alegre, no dia da Passeata dos Cem Mil, uma manifestação que estava programada não saiu. A Uges não aceitou o cancelamento da passeata e marcou para o dia 27 uma concentração de estudantes em frente ao cinema Capitólio. Da concentração, enquanto alguns estudantes se dirigiam para o Centro para fazerem comícios-relâmpago, outros secundaristas foram para a Universidade. Com as faculdades em greve havia um acampamento permanente na frente da Filosofia. Por volta das 18h30 faltou luz e, sob o clarão de uma fogueira, se iniciou um ato com a presença de mais de 500 secundaristas. Emilio e Favero chamaram em seus pronunciamentos a ocupação da Faculdade. A Filosofia, ocupada por iniciativa da Uges, transformou-se num centro de debate político e de agitação. Alguns estudantes se dirigiram ao Centro, onde continuavam acontecendo comícios-relâmpago e correrias. Com a Filosofia ocupada e entusiasmados com o sucesso da manifestação autorizada dos cariocas, tentou-se conseguir permissão para uma passeata legal. A Secretaria de Segurança voltou a negar e a propor, como sempre, que o ato fosse realizado no Parque da Redenção.

No dia 28, o DCE-Livre coordenou a manifestação e, ao contrário das vezes anteriores, quando nos concentrávamos no Centro, saímos em passeata da Osvaldo Aranha e seguimos pela Sarmento Leite, Independência, Andradas e Borges de Medeiros. O POC, que dominava a maioria dos centros acadêmicos, tinha o controle político do ato, embora a maioria dos participantes fossem secundaristas. As palavras de ordem principais eram: "É pacífica", "Não fique aí parado, você é convidado". À palavra de ordem "O povo organizado derruba a ditadura", contrapúnhamos o lema foquista: "O povo armado derruba a ditadura". A passeata teve uma adesão muito grande e foi a maior manifestação da época em Porto Alegre.

Ao chegarmos à Prefeitura, a Brigada fez uma operação de pinça e atacou. A multidão, encurralada nas escadarias da Prefeitura, foi espancada a golpes de cassetete. O Minhoca e eu, ao percebermos a manobra, nos afastamos e assistimos, impotentes, a companheiros, muitos pré-adolescentes, apanharem muito. Horácio, irmão do Luís Goulart, sangrava abundantemente na cabeça. Reorganizamo-nos e continuamos em manifestações pelo Centro de Porto Alegre. Nas correrias pelas ruas havia a participação de populares que nunca tínhamos visto antes. A Brigada buscou dominar a Avenida Borges de Medeiros, sendo alvejada por projetis dos mais diversos atirados dos prédios. No Viaduto Otávio Rocha, uma massa vaiava as tropas e arremessava objetos. A imprensa foi novamente duramente reprimida. Com bracelete e tudo os jornalistas foram espancados e tiveram seus equipamentos de trabalho apreendidos. Um suplente de vereador comunista eleito pelo MDB, Lúcio Viera, fazia denúncias no plenário da Câmara Municipal contra a repressão policial a estudantes e jornalistas, comparava-os às tropas nazistas.

Nossa avaliação dos acontecimentos era de que o POC, com sua postura tímida, havia levado o povo ao massacre. Modificamos nossa conduta, buscando assumir sozinhos a condução das manifestações. Nesses dias, realizamos diversas passeatas, maiores ou menores, utilizando, neste atos, toda a nossa tecnologia em passeatas, pequenos grupos de autodefesa e os armamentos usuais. O Centro virou um palco de batalhas campais, onde entravam nas refregas populares pessoas maltrapilhas, respeitáveis cidadãos de classe média, office-boys e meninos de rua, com uma fúria iconoclasta que nos surpreendeu. Houve, em final de junho, um clima insurrecional em todo o Brasil, um daqueles momentos em que os povos "votam com os pés". Em Porto Alegre não foi diferente.

Nos primeiros dias de julho, os Centros Acadêmicos universitários anunciavam que não convocariam novas manifestações. Consumava-se, em nossa ótica, a traição das lideranças universitárias. A Uges continuou chamando atos onde apareciam apenas as nossas faixas e bandeiras e ainda anunciava pela imprensa que "disporia de um esquema de segurança em caso de repressão policial". Tínhamos o apoio da Tendência, grupo do Julian

Ferreira, da Tânia Cunha, do Willy Dal Zot e do Mário Maestri. Saímos em passeata no dia 4 de julho, tendo como saldo mais de 20 presos. No dia 5 de julho de 1968, em cima da manchete de capa "A passeata fracassou", um editorial no jornal *Zero Hora*, sob o título "A hora de refletir", ponderava:

> *Verberando o uso da violência e igualmente a ofensiva predatória, como incêndio de veículos ou atentados contra a propriedade privada ou oficial, podemos, neste momento, dirigir um apelo aos secundaristas, concitando-os que reexaminem a posição e sigam o exemplo dos Universitários... Se a escolha for a rebelião, não há dúvida quanto ao desfecho: será desastroso.*

As passeatas convocadas pela vanguarda da Uges continuaram. No final, éramos muito poucos. Sem dúvida, a violência que as cercava, tanto da repressão quanto nossa, não incentivava a participação. Nossa insurreição ficou confinada a nós e a alguns outros poucos que insistiam até o limite de suas forças. Numa das últimas delas levei uma grande surra. Éramos, certamente, não mais do que cinquenta, e éramos perseguidos por algumas centenas de soldados armados de cassetete e mosquetão.

Subíamos a Marechal Floriano em direção à Andradas, quando a rua foi fechada pelo Grupo de Operações Especiais (GOE). Um gorila de quase dois metros de altura e de envergadura dirigiu-se para cima de um estudante que era uma verdadeira bandeira de passeata: molotovs penduradas na cintura, capacete de motociclista vermelho. Dei um murro no tira do GOE, eram meus 60 quilos da época contra mais de 120 quilos; o cara só balançou e se arremessou contra mim. Aí, aconteceu uma cena surrealista: eu correndo no meio das tropas da Brigada que avançavam em colunas, e o policial do GOE correndo atrás. Nada me acontecia.

Já estava quase chegando na Praça Quinze quando resolvi dar uma rasteira num dos brigadianos que corriam ao meu lado em sentido contrário. Parecia cena de futebol americano. Uma massa verde cáqui desabou sobre mim.

Ainda em julho, fui indiciado com o Ico na auditoria militar pelo crime de tentativa de reabrir o Grêmio do Julinho, "entidade ilegal". Ainda pesava contra nós outro processo. Numa de nossas prisões, tínhamos nos bolsos notas fiscais de gasolina da caminhonete da Uges e de tecidos comprados para a confecção de faixas. O Dops arrolava isso como prova da fabricação de molotovs. Tínhamos um inquérito por comprarmos molotovs com nota fiscal.

No final de julho, nos dirigimos para o XXI Congresso da Uges, que se realizou em Santa Rosa. Nossa chapa tinha o Favero, o Solon Viola, de Passo Fundo, o Costa, de Cachoeira do Sul, o Orlando, de Caxias, e estudantes de Gravataí, Caçapava, Taquara, Lagoa Vermelha, Vacaria e Nair Steffen, da cidade anfitriã, Santa Rosa. A chapa de oposição era capitaneada por Wanderley Capistani, de Uruguaiana. As plenárias tinham mais de 1.500 pessoas. A mobilização dos oposicionistas à Uges esquerdista contou com um forte esquema governamental, com a ditadura e o governo Peracchi Barcelos dando-lhes todo o apoio logístico. O Calino, casualmente, encontrou perdida uma pasta de um dos dirigentes da chapa adversária. A pasta continha carteira da Brigada Militar com passe livre nos ônibus interurbanos e na Viação Férrea. Muitas das "lideranças democráticas" trabalhavam para a Secretaria de Segurança e a polícia.

Por mais que tivéssemos em nossa chapa uma estudante de Santa Rosa, o jornal local, *A Serra*, fazia-nos pesadas críticas. Com o título "Ala democrática leva nítida vantagem sobre a esquerda" dizia coisas como:

*A ala esquerda, liderada pela cúpula da Uges, preocupa-se tão-somente em apresentar críticas ao sistema brasileiro de ensino, ao acordo MEC-USAID e à atual situação socioeconômica brasileira, sem, no entanto, apresentar soluções cabíveis aos problemas, não deixando com suas acusações estéreis que soluções venham a surgir.*

Contávamos com pouco apoio das demais forças democráticas gaúchas, com honrosas exceções, como a do deputado do MDB Lauro Hagemann, que compareceu à abertura do Congresso. Lauro Hagemann, esquema legal do PCB, chegou a pagar do próprio bolso um táxi para levar a Santa Rosa um religioso progressista de São Leopoldo que nos apoiava. O padre viajou em companhia do Minhoca, levando exemplares das Resoluções do Movimento Estudantil Gaúcho aprovadas no Encontro dos Grêmios no Araújo Vianna. A verdade é que nossa postura radical também não contribuía, o tímido MDB não tinha condições de fazer frente ao trator governista. Foi uma semana de muito esforço. Nosso QG era no Sindicato da Construção Civil, onde o advogado trabalhista Burmeister nos prestou um grande auxílio. Praticamente não dormíamos, e nossa derrota não foi por muitos votos.

Saíamos do Congresso da Uges com um número muito grande de Uniões Municipais, Grêmios e estudantes dispostos a continuar um movimento organizado de oposição à ditadura, e o Movimento 21 de Abril era esse canal. A Uges continuou sob o domínio da direita durante toda a ditadura militar.

A ressaca do Congresso foi violenta. Reunidos, definimos as prioridades e estabelecemos responsabilidades a serem assumidas nas frentes de massas e paramilitares. O Bom Fim da época era, para nós, o epicentro da Revolução Mundial. Se a repressão cercasse o Gueto, do Bar Alaska ao Fedor, abalaria até a ofensiva vietcongue nas selvas do Sudeste Asiático.

# A crise foquista e as fronteiras do Sul

Os cinemas tinham um papel muito importante em nossas vidas. Quando a militância nos permitia, vivíamos enfiados assistindo a filmes. Foi no cinema Moinhos de Vento que assistimos ao filme *O incrível exército de Brancaleone,* de Mário Monicelli. Estávamos Nice, Ico, Suzana, Nilton e Sayene e eu. O filme é uma sátira ambientada na época medieval e conta as desventuras de um cavaleiro desastrado, Brancaleone de Norcia, que vai atrás de um reino com um grupo de malucos e andrajosos. Como acontecia normalmente, nos encontrávamos com boa parte da esquerda nos cinemas, principalmente nos lançamentos. Encontramos, na saída, com o Koutzii e a Sônia. O certo é que a Dissidência, futuro POC, passou a denominar-nos o Exército Brancaleone. No início, ficamos furiosos e comparamos o Koutzii ao Abacuc, personagem do filme que, quando apareciam situações perigosas, se escondia num baú com rodinhas, que puxava com uma corda. Depois, até gostamos do apelido e música do filme, "branca... branca... branca, leon... leon... leon, se transformou em nosso grito de guerra.

Com a atuação na Uges, havia aumentado muito o número de estudantes que gravitavam em torno de nós, e não conseguíamos articular organicamente essa simpatia difusa. Éramos condescendentes a respeito de nossas deficiências e limitações, a maior delas, sem dúvida, a imaturidade. Nossos quadros eram inexperientes. Alguns vinham de traumáticas rupturas e não eram muito dados à disciplina. Fazíamos qualquer coisa, desde que nos desse prazer. Somava-se a isso a falta de preparação em muitas questões, não apenas militares, mas também em algo tão prosaico como dirigir um automóvel. Só o Schimit e o Félix sabiam dirigir. Sempre dependíamos do Schimit quando necessitávamos de um carro para uma ação. Sua especialidade era desapropriar Gordinis, pois possuía uma coleção de chaves, cinco ou seis, de todos os modelos desse carro.

Nossas ações foram uma sequência de trapalhadas. Poderia relatar mais de uma dezena de operações bem ou malsucedidas em que não faltaram situações que fugiram ao nosso controle. A título de exemplo cito a origem de algumas de nossas armas, um episódio que ficou conhecido como o atentado ao Comandante do V Comando Aéreo, o destino das dinamites da VPR, a proteção ao Teatro de Arena ameaçado pelo Comando de Caça aos Comunistas (CCC) e minha prisão e de outro companheiro num carro roubado.

A história de nossas armas é significativa do grau de improvisação e amadorismo que nos caracterizava. Já o início prometia, quando quase incendíamos a casa do coronel, tendo como resultado a Sten MKO sem cano e uma Lugger inutilizada. A pobre da Sten, que eu saiba, só foi usada no assalto ao Banco do Brasil, em Viamão, no ano de 1970. Seu fim foi triste e por abandono. A VAR transportava a Sten em ônibus de linha de Viamão para Porto Alegre. Por segurança, um Citroen seguia o ônibus e a cada parada solicitada o carro também se detinha. O motorista, achando que ia ser assaltado, chamou uma patrulha da Brigada. Para espanto dos policiais, foi encontrada num assento uma mala abandonada com uma metralhadora. A Lugger terminou como presente para o irmão da Nice que tinha sete anos.

Terminamos tendo um arsenal razoável. Tínhamos uma relação especial com as armas que eram resultado de alguma forma de desapropriação: "o arsenal da guerrilha são as armas tomadas de seus inimigos". Muitas eram tratadas por nomes próprios. A metralhadora nunca teve apelido, sendo chamada pelo seu primeiro nome, a Sten. A Bina, uma carabina Urko 22 de repetição, foi surrupiada numa madrugada de uma vitrine aberta com um corta-vidro circular. A ação teve o apoio e segurança de meninos de rua, que aproveitaram a ocasião para levar cobertores, mochilas e tudo o que havia sobrado. De uma conhecida loja de antiguidades na Rua da Praia, um alicate cortante de pressão permitiu a retirada do revólver que denominávamos Búfalo Bill. Era um 38 cromado, cano longo e cabo de madrepérola decorado.

As passeatas serviram também como fonte de abastecimento para nosso arsenal. Através delas, conseguimos até uma arma exótica para a época: um revólver que lançava cápsulas de gás. Numa de nossas manifestações, um policial militar cercado por estudantes sacou o 38. A arma foi arremessada por uma certeira martelada. Em razão dos efeitos do choque, conhecíamos este revólver como o "38 do cano torto". A Dedé, em visita que fizera a São Paulo, trouxera-nos um presente da ALN, um silenciador. Para instalar a geringonça, era necessário fazer rosca no cano de uma arma, por isso o escolhido foi o "38 do cano torto". No apartamento do Nilton, situado na Rua Ramiro Barcelos, no último andar de um pequeno prédio, ao sons da Heroica a todo volume, testamos o silenciador. O estampido deve ter sido escutado em todo o quarteirão.

Tínhamos como objetivo conseguir mais uma metralhadora e, com este fim, várias opções haviam sido analisadas. Numa mansão no Moinhos de Vento, um recruta da aeronáutica fazia guarda com uma flamante metralhadora. A arma seria repassada para companheiras que, em rua próxima, empurravam um carrinho de bebê. O sentinela não colaborou. Agarrando-se à metralhadora e gritando alucinadamente, obrigou o nosso "comando" a sair em desabalada carreira por entre as árvores. O recruta, após se recompor, deu uma rajada de metralhadora. O "38 do cano torto" foi acionado três vezes até sair uma bala. No outro dia, os jornais estampavam a manchete: "Atentado contra a casa do Comandante da V Zona Aérea".

As dinamites, gentil presente da VPR, foram acondicionadas em dois petardos por um simpatizante que tinha curso de sabotagem na China. Preparamo-nos para utilizá-las contra a repressão às passeatas no início de julho. A Praia de Belas estava fechada por barreiras e era um deslocar de tropas e caminhões contínuo. Um carro desapropriado rompeu as barreiras de segurança, ante sentinelas apalermados, e arremessou um petardo de dinamite contra os caminhões estacionados em frente ao QG da Brigada. A outra bomba foi atirada do Viaduto Otávio Rocha contra as tropas que se deslocavam pela Borges de Medeiros. Os petardos, graças a Deus ou à inabilidade do técnico chinês, não explodiram.

Com o crescimento das manifestações populares e o surgimento de organizações armadas de esquerda, começaram a atuar grupos como o CCC. Em agosto, explodiram uma bomba na frente da casa dos meus pais, onde eu morava. Não era um ato isolado, lançaram bombas nas faculdades, jornais e picharam a casa de militantes com ameaças e frases, onde não era raro o preconceito contra a mulher e o antissemitismo. As organizações de ultradireita tinham canais diretos com a comunidade de informações. As pichações do Teatro Leopoldina e o espancamento dos artistas da peça *Roda Viva* em Porto Alegre, com o sequestro da atriz e do ator principal, foram resultado da simbiose entre repressão oficial e grupos paramilitares.

As ameaças contra os teatros em Porto Alegre eram rotineiras e dirigiam-se contra o Teatro de Arena e o Centro de Artes Dramáticas da Universidade. Propusemo-nos a fazer segurança desses teatros na iminência de ataques do CCC. Esmeramo-nos especialmente quando o Arena sofreu ameaças de ataque pela apresentação da peça de Brecht *Os fuzis da senhora Carrar*. Montamos um esquema de segurança que incluía, inclusive, a metralhadora. Colocamos mais de uma dezena de militantes armados dentro e fora do teatro. Certamente para o bem de todos, principalmente da plateia, que tudo ignorava, o CCC não atacou.

Em 2 de outubro de 1968, uma verdadeira batalha campal aconteceu entre os estudantes da Filosofia da USP e o CCC, que dominou a Universidade Mackenzie. Em socorro da Filosofia veio um Grupo Tático da ALN. As balas do CCC mataram um estudante. No dia 12 caía o Congresso da UNE, em Ibiúna. Alguns estudantes gaúchos, como o Zé Loguércio e o Nilton Santos, foram presos. A ditadura conseguiu um cadastro precioso das lideranças que surgiam. O movimento estudantil levaria muitos anos para se articular novamente após esse duro golpe. Também em outubro, a VPR matou o capitão Chandler, militar norte-americano a serviço no Brasil.

Laércio esteve em Porto Alegre no mês de novembro e relatou-nos a mudança qualitativa na atuação da repressão em São Paulo. Os órgãos repressivos atuavam coordenados e centralizados pelos militares, dispondo de abundantes recursos e logística, inclusive com apoio financeiro de empresários. Começavam as operações pente-fino que cercavam bairros inteiros e revistavam todos os carros e pessoas que circulavam nas cercanias. O regime militar entrava numa nova etapa e, no dia 13 de dezembro, era editado o Ato Institucional nº 5, o AI-5. Os militares, usando como pretexto o pedido negado de licença para processar o deputado federal Márcio Moreira Alves por discurso considerado ofensivo para as Forças Armadas, fecharam o Congresso.

Numa tentativa de romper nossas limitações e criar uma infraestrutura adequada para nossa atuação, preparamos, com cuidadosa planificação, uma desapropriação bancária. Era final de dezembro e vigia o AI-5. Queríamos um carro mais resistente do que os tradicionais Gordinis. Quatro pessoas, duas para a abordagem e duas para a segurança, deveriam conseguir o automóvel.

O carro desapropriado, um Itamarati, foi localizado por uma radiopatrulha e, na perseguição, o Félix terminou se chocando contra um poste. Após longa correria, fomos presos o Nílton Bento e eu e levados para o Palácio da Polícia abaixo da maior pauleira. Por mais que buscasse ocultar minha identidade, fui reconhecido, e nos encaminharam para o Dops.

Combinamos um álibi para os interrogatórios e não nos afastamos dele em qualquer momento. Como não estávamos na abordagem do carro, contamos que nos encontrávamos em companhia de dois imaginários contrabandistas do Bom Fim e que nada tínhamos a ver com o roubo do carro.

Estavam presos no Dops assaltantes de bancos comuns, como o bando do Pinguim, famoso na época. Eles foram torturados. Escutar os gritos de quem é torturado perfura os tímpanos e esses gritos se alojam no cérebro. Fomos interrogados exaustivamente e sofremos espancamentos, mas mantivemos firme nosso álibi. Para completar, os assaltados, um casal de namorados, não nos reconheceram como as pessoas que haviam lhes apontado as armas.

Desenvolvemos amizade com a turma do Pinguim. Manifestaram a vontade de entrar para a gangue da subversão. Do

Dops, fomos transportados para o porão da Oitava Delegacia, na Av. Protásio Alves, a uma quadra de onde morava a Dedé. A Oitava era um depósito. Alguns presos estavam lá há meses. Certamente não caberiam em suas dependências mais de trinta pessoas. Havia mais de 150 detidos. Não tínhamos espaço para dormir no chão de cimento.

Uma semana depois, no final da tarde, vieram nos buscar. Não era um bom sinal, diziam nossos novos conhecidos. Bem que ao passar pela esquina da Dedé, Caju com Protásio, tive vontade de, algemado e tudo, saltar do carro e sair correndo. No início da noite, levaram-me para uma cela onde havia instrumentos para aplicar choques elétricos. Pouco depois, ingressavam dois sisudos coronéis do Exército uniformizados, que me submeteram a um longo interrogatório de cunho ideológico. Negava, não era marxista-leninista, não me interessava o materialismo histórico e dialético, abandonara a militância estudantil. O interrogatório, nas circunstâncias em que se deu, com profunda carga ideológica, era tudo o que queríamos, nossa preocupação era não delatar ninguém. O fato de ser interrogado por militares do Exército de alta patente em janeiro de 1969 mostrava o novo momento que vivíamos. Jamais soube quem eram os oficiais, mas ficou claro, pelo nervosismo dos policiais do Dops, que eles mandavam e não pediam. Estou convencido de que a firmeza de nossas respostas decidiu o nosso destino. Eram ideólogos da Doutrina de Segurança, não eram vulgares algozes como um Nilo Hervelha[16], mas os magnetos e os fios com jacarés nas extremidades mostravam que a possibilidade estava na ordem do dia. Alguns dias depois, fomos chamados pelo delegado Marco Aurélio Reis, que foi profético:

---

16. Inspetor de polícia do Dops-RS, de 1970 a 1972.

"Eu quero avisá-los de que se o "21 de abril" está partindo para a guerrilha urbana, eu vou buscar todos vocês nas casas dos seus pais". Pouco mais de um ano depois, quando já estava asilado, a previsão do delegado se tornaria realidade.

Fomos libertados. Dona Maria, minha mãe, que fizera plantão no Palácio da Polícia quase todos os dias, estava à nossa espera. Nossa prisão não teve qualquer consequência para os "Brancas" ou outras organizações de esquerda. Não tomo isso como um ato de heroísmo, pois, por mais que tenhamos sofrido violências, não haveria como compará-las com as torturas que seriam aplicadas no início dos anos 1970.

Com extremos cuidados para ver se não éramos seguidos, nos reunimos e descrevemos as condições da prisão. A presença ativa de um novo e ameaçador personagem, o Exército. A ameaça do delegado Marco Aurélio de buscar todo mundo em casa, a necessidade de uma maior profissionalização, pois, nas condições nas quais atuávamos, estávamos condenados ao fracasso.

Após nossa reunião, tomando um cafezinho com a Dedé no abrigo dos bondes e lendo o *Estadão*, ficamos sabendo da prisão de pessoas em São Paulo que estavam pintando um caminhão com as cores e armas do Exército. Dedé conhecia um dos presos, Pedro Lobo, sargento cassado; era da VPR. Nesta mesma noite, 24 de janeiro de 1969, o capitão Lamarca abandonou o quartel, levando 63 fuzis. Lamarca era campeão de tiro do Exército e tinha sido a pessoa encarregada de treinar os caixas bancários para resistirem aos assaltos que a esquerda protagonizava.

Não demorou para começarem a chegar notícias das prisões de membros da VPR em São Paulo. Pouco antes, a organização tinha entrado em profunda crise política. De maneira grosseira, podemos identificar a dicotomia entre as duas vertentes que estavam presentes na sua formação: a Polop, estudantes, professores e profissionais liberais, e o MNR, a maioria sargentos do

Exército e pessoal subalterno da Marinha cassados. As quedas, porém, nada tiveram a ver com a questão política; deveram-se ao feroz cerco estabelecido desde a ação do quartel e a passagem de Lamarca para a clandestinidade. As prisões dos militantes da VPR também repercutiram na ALN, mas não foram tão significativas.

Em meados de março a ditadura publicava extensa lista de parlamentares cassados, entre eles o deputado estadual gaúcho Lauro Hagemann. O regime militar garantia maioria nas assembleias para eleger seus indicados aos cargos executivos.

Em finais de março, recebemos a visita do Laércio. Seria o primeiro de uma série de companheiros que buscavam sair do Brasil. O quadro que nos pintava era do mais absoluto terror, as mortes, o refinamento e a generalização da tortura na Operação Bandeirantes, a Oban, independente de idade, sexo ou posição social. A situação do que restava da VPR era insustentável. Tinham perdido a maioria dos quadros com condições de levarem a cabo ações militares, e havia aumentado o número de pessoas clandestinas, desligadas da produção. Pouco tempo depois, rumo ao Uruguai, passaram o João Quartin e a Renata.

Os remanescentes da VPR se uniram à Colina, grupo com atuação em Minas e Rio de Janeiro. Junto com outras organizações menores, como a "Frente" do Carlos Araújo no Estado, foi formada a Vanguarda Armada Revolucionária – Palmares. A VAR surgia como uma organização nacional, e trazia consigo parte do arsenal do Lamarca e os milhões de dólares da desapropriação do cofre do Ademar de Barros.

Nossa crise, a dos Brancaleones, era profunda. Sem capacidade operacional, sem inserção política, inviabilizávamo-nos como organização. A tentativa de reunir em 1969 os grêmios e estudantes que se articulavam em torno do "21" tinha-se demonstrado altamente frustrante. O movimento estudantil em geral estava em refluxo. Sobrevivíamos, como modernamente denominaríamos, como uma "tribo", queríamos e compartilhávamos um mesmo conjunto de valores e símbolos. Numa reunião, em abril, consolidamos nossa divisão. Boa parte do grupo, inclusive o Ico, ingressou na VAR. Dividimos o espólio, armas e o "parque gráfico" e nos separamos.

No final de abril de 1969, a III Auditoria Militar nos julgou pela tentativa de reabertura do Grêmio do Julinho. Resolvi não comparecer. Não dormi em casa e não fui trabalhar no dia do julgamento. Trabalhava no departamento de serigrafia das lojas Imcosul. Fomos absolvidos, era difícil, mesmo para uma ditadura, condenar-nos em sessão pública por tentarmos reabrir um grêmio de estudantes. No outro dia, compareci ao trabalho normalmente e encontrei meus colegas com cara estranha, como amedrontados. O Exército tinha passado em minha casa e, não me encontrando, se dirigiram para a loja e, sob ameaça de fuzis e metralhadoras, revistaram todas as suas dependências.

Em julho, comecei a ser seguido, e pessoas me procuraram em meu trabalho, gerando pânico em meus colegas, que não se esqueciam da incursão do Exército. Tinha certeza de que era o Dops. Saí do emprego e entrei numa semiclandestinidade. Fui morar num apartamento da Rua Artigas, no bairro Petrópolis, que havia recebido como sócio da Cooperativa Habitacional dos Bancários. Ainda no mês de julho, reunimos os remanescentes da "Incrível Armada" e chegamos à conclusão de que não tínhamos futuro como agrupamento político. Continuávamos amigos, mas cada qual estava liberado para ingressar na VAR ou onde lhe parecesse melhor. Em agosto, tendo em vista que nada de anormal aconteceu, saí de minha clandestinidade e fui trabalhar na Asplan[17] com a Dedé.

---

17. Órgão estadual de assessoria de planejamento.

Encontrava-se então no Sul, no Seminário Cristo Rei, em São Leopoldo, o religioso dominicano frei Betto. Frei Betto cumpria uma tarefa solicitada pessoalmente por Carlos Marighella. Sua missão era dar apoio em Porto Alegre a pessoas indicadas pela ALN que precisavam sair do Brasil através das fronteiras gaúchas. A rotina não variava muito. Avisado, frei Betto deslocava-se do Seminário até a frente do Cinema São João, na Avenida Salgado Filho. Lá, no horário combinado, o viajante o aguardava com uma revista *Realidade* debaixo do braço.

Câmara Ferreira, o Toledo, segundo homem da ALN, em companhia de Paulo de Tarso Venceslau, solicitou a Dedé que auxiliasse a frei Betto em suas tarefas. Dedé, uma foquista de primeira geração, que começara sua militância no PCB, era uma pessoa extremamente relacionada no universo da esquerda. Conhecia, inclusive, os dominicanos do Convento de Perdizes, em São Paulo, de onde o mineiro frei Betto era oriundo. Para Dedé, as passagens do Sul, principalmente para o Uruguai, não continham segredos. O MNR, quando mantinha uma relação forte com Brizola, usava-as amiúde. Muitas dessas rotas eram utilizadas por militantes, até como forma de sobrevivência, através da prática do contrabando-formiga. Dedé conhecia pessoas que tinham contatos com o consulado uruguaio em Livramento, conhecia as alternativas de passagem mais confiáveis, e tinha contatos em companhias de ônibus.

Em setembro, o país foi sacudido pelo sequestro do embaixador norte-americano no Brasil. A alegria das pessoas nas ruas era grande, muitos sorriam e falavam em voz alta do sequestro, que coincidiu com a Semana da Pátria de 1969. O sequestro de Charles Elbrick foi um dos lances mais ousados da guerrilha latino-americana. O representante do todo-poderoso Império que bombardeava o Vietnã e que, alguns anos atrás, havia posto sua esquadra nas costas brasileiras, era prisioneiro da ALN e do MR-8, nome que adotara a Dissidência da Guanabara. O bonito texto do manifesto publicado em todos os jornais brasileiros, o cumprimento por parte da ditadura das exigências dos revolucionários, a foto de prisioneiros partindo para a liberdade emocionaram todos os militantes e muitas pessoas que não tinham qualquer relação com a esquerda.

Ico saíra da VAR após o congresso de agosto, que terminou num profundo racha interno, o qual daria origem novamente à VPR. Discutimos a organização de um grupo ligado à ALN em Porto Alegre. Marcamos um ponto com frei Betto num bar, e colocamos nossas intenções. Entendíamos a importância do trabalho de fronteira, mas pretendíamos criar em Porto Alegre uma estrutura com capacidade operacional, e isso implicava treinamento, armas e dinheiro.

Apesar de seu caráter espetacular, a ação do sequestro esteve irremediavelmente comprometida por amadorismos, cometidos principalmente pela ex-Dissidência da Guanabara. A casa onde o diplomata estava detido foi rapidamente localizada e apenas o temor de sua morte impediu que a repressão a tomasse de assalto, fato que sucedeu assim que foi abandonada. Pouco depois, caía preso Claudio Torres, que comandara a ocupação do DCE em Porto Alegre, em março de 1967. A polícia chegara até ele pelos dados que o alfaiate forneceu sobre um casaco deixado na mansão do sequestro.

As quedas do MR-8 tiveram reflexos na ALN. A situação tornou-se mais crítica ao caírem presos militantes da Organização em uma desapropriação bancária. Como em fevereiro e março, quando das quedas da VPR, as prisões de militantes da ALN eram numerosas. Paulo de Tarso Venceslau caiu preso, e chegou-nos a informação de que, em função das torturas, perdera

114

o movimento das pernas. Pouco depois, era assassinado, sob tortura, na Operação Bandeirantes, Virgílio Gomes da Silva, o Jonas, participante da ação do sequestro. As notícias dos porões paulistanos eram aterradoras e incluíam até sevícias de bebês para que seus pais falassem.

A situação de cerco à ALN e ao MR-8 após a ação do Embaixador aumentou de forma considerável o fluxo de viajantes no esquema de fronteira. Frei Betto foi muitas vezes de São Leopoldo até a frente do Cinema São João. Eram militantes que saíam para treinamento militar em Cuba, pessoas que a Organização achava conveniente saírem do País, dirigentes que iam ao exterior para contatos políticos. Um dos últimos a sair foi Joaquim Câmara Ferreira, no final de outubro. Toledo, ex-dirigente do Comitê Central do PCB, herói da Revolução Espanhola, seria assassinado um ano após, ao retornar ao Brasil

No dia 22 de outubro, estava na casa da Dedé, quando li no *Correio do Povo* sobre a condenação minha e do Luiz Eurico pelo Superior Tribunal Militar, em Brasília. O STM, em seção secreta, tinha-nos condenado pelo processo do Grêmio do Julinho. Tratamos de avisar o Ico. O Cesar e o Minhoca se encarregaram da tarefa.

No outro dia, Luiz Eurico me procurou, dormiu a noite no local em que estava escondido. Revelei-lhe minha vontade de ir para o Uruguai. Frei Betto não estava em Porto Alegre e Ico não queria perder o contato com a ALN. Ao sair, pretendia ter acertado o esquema para receber treinamento militar em Cuba. Argumentei que ir para o Uruguai, ponto de passagem para a Ilha, não seria impeditivo para seus objetivos, pois também não descartava ter treinamento na Ilha. Abraçamo-nos, nunca mais nos encontramos.

Alguns dias depois, no final de outubro, com o meu primo Jeca dirigindo a mais de cem quilômetros por hora por estradas de chão batido, atingimos Rivera. Tomei o ônibus para Montevidéu. Meu coração abrigava sentimentos contraditórios. O fim dos "Branca" por esgotamento, o cerco às organizações armadas brasileiras me faziam refletir. Eram como umas férias para voltar à militância no Brasil. Começaria um exílio que duraria oito anos.

# América Brancaleone

Ao cruzar a fronteira estava, para usar uma expressão que o Lauro Hagemann gosta muito, "indo rumo ao olho do furacão". Nos últimos anos da década de 1960 e nos primeiros da de 1970, a América Latina conheceria um grande crescimento de frentes de esquerda, com expressivos resultados eleitorais, movimentos guerrilheiros, nacionalismo militar de esquerda e a volta do peronismo ao poder. Tudo isso resultou em diversas experiências institucionais na marca do estado de direito democrático ou de fato. Em meados da década de 1970, a Doutrina de Segurança Nacional se imporia através de ditaduras militares em todos os países do Cone Sul.

O Uruguai de novembro de 1969 estava longe da prosperidade do pós-guerra, e vivia profunda crise econômica e institucional. O Presidente Pacheco Areco respondia à crise social e ao crescimento dos Tupamaros com um governo autoritário que ultrapassava os limites dos mecanismos constitucionais.

A situação dos brasileiros no Uruguai estava muito difícil. Apesar de toda a tradição de asilo que o País possuía, nenhum dos nossos companheiros que haviam ingressado recentemente era reconhecido como asilado. O instituto do asilo, uma tradição para as elites políticas em nosso continente, não foi pensado para proteger militantes de movimentos sociais e revolucionários. Fui morar numa pensão na Rua Vazques, perto do centro e da Universidade. Poucos dias depois, chegava à pensão um estudante paulista, Euclides Garcia Paes. Através do advogado e deputado Edmundo Soares Netto, político ligado ao Partido Comunista Uruguaio (PCU), encaminhei ao Ministério de Relações Exteriores meu pedido de asilo político. Soares Netto, ao tomar conhecimento de que meu pai era uruguaio, paralelamente ao pedido de asilo, encorajou-me a encaminhar a cidadania natural uruguaia.

Naqueles dias de início de novembro dos idos de 1969, com profunda emoção nos deparamos com a manchete da morte de Marighella. O clima junto à colônia era péssimo. Haviam desaparecido alguns exilados, sabia-se que tinham sido detidos pelos órgãos de segurança. No dia 19 de novembro, quando regressávamos da praia de Pocitos, um forte aparato policial nos esperava na pensão. Sequestrados, fomos levados ao Departamento de Inteligência e Enlace – o Dops deles –, um velho casarão na Rua Dezoito de Julho. Transportados à noite para o prédio central da polícia, ficamos presos num pequeno cubículo no quarto andar. Partiu de Euclides a ideia de escrevermos um bilhete denunciando nossa prisão e anexá-lo a uma nota de dinheiro. Ao sermos removidos para um quartel, tivemos a oportunidade que esperávamos. No bilhete, relatávamos o sequestro, o endereço da pensão onde sucedera e pedíamos para avisar o *De Frente*, jornal diário de esquerda.

No quartel, nos encontramos com o Caio Venâncio Martins, estudante de Direito paulista. Soubemos que há poucos dias teriam deportado ilegalmente a Wilson Barboza do Nascimento. Carioca, professor de História ligado à ALN, Wilson era um negro corpulento e versado em lutas marciais. Não foi fácil retirá-lo do quartel. Diziam os próprios militares uruguaios que voaram soldados para todos os lados.

Na manhã do dia 22 de novembro, o jornal *De Frente* denunciou nossa prisão com grandes manchetes. Respiramos aliviados, pois nossa prisão tornara-se um fato público. Foi um dia de movimentações intensas, a denúncia provocara visível contrariedade às autoridades uruguaias. À noite entrou no quartel uma caminhonete da polícia com a ordem de levar-me para o aeroporto de Carrasco. Não havia dúvida, seria devolvido para o Brasil. Minha prisão era relacionada com as quedas da ALN e suas repercussões em Porto Alegre. O *Correio do Povo* do dia 20 de novembro, sob a manchete: "Segurança Pública confirma ligação de frei Betto com esquema terrorista", estampava os retratos do Ico, da Dedé e meu como perigosos terroristas.

A prisão de frei Betto ocorreu no dia 9 de novembro de 1969, em Porto Alegre. No dia 4, agentes do Cenimar, órgão de informações da Marinha, tinham vasculhado o Seminário e levado preso um frade que recebia as correspondências da ALN. Frei Betto começou uma peregrinação que se estenderia por quase uma semana. Refugiou-se em diferentes locais da Igreja e, através de contatos com a Cúria Metropolitana, foi para um sítio de uma tradicional família porto-alegrense. A ditadura tinha muito cuidado ao tratar com o clero gaúcho. A igreja já era crítica severa dos desmandos militares, que viam no cardeal Dom Vicente Scherer, um dos expoentes conservadores da CNBB, um aliado. A prisão de frei Betto pelo major Áttila ocorreu na luxuosa mansão situada na Avenida Independência, pertencente à família Chaves Barcellos. Não é mistério que a Igreja Católica, independente de posturas ideológicas, tem uma posição de defesa de seus integrantes. Certamente isso, e o fato de não querer atrito com o setor do

119

clero que ainda mantinha diálogo, impediu que frei Betto fosse submetido às sevícias que os serviços de inteligência julgavam necessárias para obter informações. A repressão estava ansiosa para botar as mãos na ponta do esquema que não tinha o manto protetor da Cúria Metropolitana.

O secretário de Segurança do Estado do Rio Grande do Sul, Jaime Mariath, tinha como questão de honra a minha devolução, e encaminhara pedido oficial de minha captura junto ao governo uruguaio. Naqueles dias, em Porto Alegre, o casarão da Rua Santo Antônio, onde moravam meus pais e minhas irmãs, havia sido minuciosamente revistado por tropas comandadas pelo major Áttila e o delegado Pedro Seelig. Encontrava-se em Montevidéu, para acompanhar as ramificações do esquema de fronteiras, o delegado Sérgio Paranhos Fleury, da Operação Bandeirantes, notabilizado pelas torturas a presos políticos. Eu estava decidido a vender caro a minha entrega para o Dops, não tinha a menor dúvida do que me aguardava no Brasil. Com um pedaço de vidro que tinha guardado, já pensando na eventualidade, provoquei profundos cortes no braço esquerdo. Saiu muito sangue e a repressão uruguaia, por mais que já utilizasse torturas, ainda era aprendiz de feiticeira. Os policiais encarregados do transporte ao aeroporto e o oficial do dia entraram em pânico e me levaram ao hospital mais próximo. Lembro-me até hoje do desespero do policial que ia dirigindo:

– "Hijo de puta! Estoy para jubilar-me." Certamente, preocupava-se com registros em sua ficha profissional de burocrata policial prestes a se aposentar.

O centro de atendimento mais próximo do quartel era uma clínica do Sindicato Médico do Uruguai, tradicionalmente vinculado à esquerda. Na clínica consegui entrar em contato com meu advogado, Soares Netto. O caso voltou a ter notoriedade e farta cobertura. *El Popular*, jornal do PCU, invocou minha cidadania uruguaia. Não tinham mais como devolver a mim e aos perseguidos políticos aos quais negavam o asilo. Imediatamente, me transportaram para o Hospital Militar.

Foi uma noite longa. Algemado na cama do hospital, com o braço devidamente costurado e com o soro gotejando, ainda recebi a visita de um grupo que de longe me observava. Alguns não conseguiam disfarçar um sofrível portunhol. Sem dúvida, eram policiais ou militares brasileiros. Para seu desespero, a caça lhes escapara das mãos.

No Hospital Militar, à medida que os dias passavam, comecei a ficar apreensivo. Tinha sessões diárias com um psiquiatra militar, que eram, na verdade, interrogatórios policiais. Fiz duas greves de fome, totalizando 20 dias sem me alimentar. Consegui, em determinado momento, passar dos meus 60 quilos da época para menos de quarenta.

Fui solto na segunda semana de janeiro. No total, havia ficado mais de cinquenta dias entre polícia, quartel e Hospital Militar. Comecei a sentir certa fobia de final de ano: no de 1967 estava encrencado pela metralhadora do coronel; no de 1968 estava preso no Dops; no de 1969, preso no Hospital Militar, no Uruguai.

No início do ano de 1970, comecei a trabalhar no restaurante Cangaceiro. Conheci um pouco a colônia brasileira no Uruguai, seus dramas e suas intrigas, e personalidades como o coronel Jeferson Cardin, que, de mesa em mesa, no restaurante, convidava turistas e exilados a integrarem-se na nova invasão ao Brasil que estava planejando.

Minha situação no Uruguai não era das mais confortáveis. Havia implodido o acordo de devolução de perseguidos políticos entre o Brasil e o Uruguai. Foram os primórdios da Operação Condor, articulação dos órgãos de repressão latino-americanos que, nos anos 1970, levaria à morte muitos dos combatentes contra as ditaduras latino-americanas.

Fiz meus documentos uruguaios, inclusive passaporte. O pessoal da ex-VPR tinha contatos no Chile para treinamento militar. Com a cooperação de diversas organizações latino-americanas, preparava-se uma frente guerrilheira num país da região. Havia a intenção de, ignorando divergências pontuais, estabelecer uma coordenação guerrilheira no continente. Em fins de abril, voava para Santiago.

O Chile das cordilheiras estava às vésperas de uma campanha eleitoral. Os brasileiros asilados não eram muito numerosos e boa parte deles eram vinculados às universidades e a organismos da ONU, como a Cepal. Um asilado inesquecível era o almirante Aragão. Tinha uma paixão adolescente por uma atriz. Mulher outrora belíssima, sucesso dos carnavais cariocas, era, já então, obesa. Nada disso modificava a paixão do almirante, que, entre garrafas de Concha y Toro, ia às lágrimas, declamando poesias de sua autoria para seu grande amor.

Vitor Carlos Ramos, companheiro que procurei em Santiago, um estudante paulista que rompeu com a Polop e se vinculou à VPR, era a ovelha negra de uma família muito rica. Nossos contatos com a Coordenação pertenciam ao Partido Socialista Chileno. O PS chileno tinha inúmeros movimentos e tendências em seu interior, que iam de maçons esquerdistas até grupos que defendiam a luta armada.

Enquanto aguardávamos nosso deslocamento para a área de treinamento, tínhamos eventuais encontros com integrantes da organização e instruções de manejo de armas leves, seguimento e contrasseguimento, e devíamos observar as regras de segurança. O Brasil saiu tricampeão do mundo. Por preconceito ideológico, em nossa ótica, a conquista do tri fortalecia a ditadura, assim como por ativismo não assistimos a um único jogo. Morávamos numa casa que servia como suporte para ações, como uma bem-sucedida expropriação de mais de 100 armas de diferentes calibres. O nome do movimento que assumiu o assalto era MR-2, Movimento Revolucionário Manoel Rodriguez. O MR-2 certamente não tem continuidade histórica com a Frente Patriótica Manoel Rodriguez, que assumiu notoriedade no combate a Pinochet.

Em setembro, no meio da madrugada, contra todas as regras de segurança, nos deslocamos até a frente do Palácio Presidencial La Moneda. Nas ruas, uma festa multicolor comemorava a vitória da Unidade Popular, que havia eleito Salvador Allende. A vitória da UP deu-se por margem apertada de votos, aproximadamente um terço dos votantes, e Allende teria que ser referendado pelo parlamento como presidente.

Chegava a Santiago um número crescente de brasileiros. A Nice trouxe-me notícias de Porto Alegre. A esquerda armada brasileira estava cada dia mais isolada. Da nossa guerrilha do Bom Fim, após o Congresso da VAR, em agosto de 1969, alguns permaneceram na VAR, como o Calino e o Favero; outros estavam na ALN, como o Ico e a Suzana. A grande maioria dos Brancaleones entraram, porém, na reorganizada VPR, que contava, também, com muitos quadros oriundos do POC. Numa ação de desapropriação de um carro pagador, a marca registrada Brancaleone, o automóvel utilizado tinha sido um Gordini. Tinham uma "Área Tática", zona para a base de uma guerrilha rural em Três Passos, às margens do rio Uruguai.

A VPR decidiu sequestrar o cônsul norte-americano de Porto Alegre, em abril de 1970. A ação tinha sido cuidadosamente estudada. Só não contavam com a imprudência do cônsul, um veterano da guerra da Coreia. O fuquinha[18] dirigido pelo Schimit não foi páreo para a caminhonete Chevrolet do consulado. Félix, ao

---

18. Gíria gaúcha para o carro (fusca) da Volkswagen.

ver o malogro da ação, disparou com a pistola contra o vulto do cônsul, atingindo-o no ombro, o que não lhe impediu a fuga. O DOI-CODI destacou dois de seus melhores quadros para o Sul, Paulo Malhães e Clodoaldo Cabral. Nos meses que se seguiram caíram quase todas as organizações clandestinas que operavam no Rio Grande do Sul. O Dops gaúcho se transformou em filial da Oban, com prática sistemática de torturas. As prisões não se detiveram na VPR e atingiram praticamente todas as organizações. A VPR continuaria ainda atuando por algum tempo em Porto Alegre. Seus efetivos, na fase final, eram, na imensa maioria, secundaristas do Julinho, Brancaleones ou ex-POC.

Ainda sob o impacto das danças populares na avenida, fomos avisados para que nos preparássemos, pois passariam para nos buscar. Íamos ao encontro de um dos ícones sagrados do movimento revolucionário latino-americano. O Exército de Libertação Nacional (ELN) preparava-se para sua última tentativa guerrilheira nas selvas da Bolívia. O comandante da operação era o médico Oswaldo Chato Peredo, e o local escolhido eram as selvas do Beni. Os irmãos Peredo, jovens comunistas, acompanharam o "Che" e toda a saga guevarista na Bolívia.

O ELN reaparecera publicamente no ano de 1969, em La Paz, ao lançar um manifesto: *Voltaremos às montanhas*. À frente do movimento estavam os sobreviventes da guerrilha do "Che", o boliviano Inti Peredo e os cubanos Benigno e Pombo. A reaparição da Organização contou com o apoio do Departamento América de Cuba, órgão encarregado do apoio aos movimentos armados no continente.

No dia 9 de setembro de 1969, Inti teve o mesmo destino do irmão Coco, assassinado na guerrilha de 1967. O assassinato de Inti foi precedido do cerco a um aparelho do ELN em La Paz e intenso tiroteio. Com a morte do irmão, Chato, que estudava

Medicina na Universidade Patrice Lumumba, em Moscou, assumiu à frente da Organização. Junto com um grupo de jovens, com pouco ou nenhum treinamento militar, na maioria estudantes bolivianos e de outras nacionalidades, entre os quais o brasileiro Luiz Renato Pires de Almeida, começou a luta no Alto Beni.

Fomos levados, dentro das mais absolutas normas de segurança, para uma casa de treinamento do ELN. Nossa rotina no casarão era de exercícios físicos, manejo de armas, triangulação de tiro, defesa pessoal e aulas de tática e estratégia. Antes de irmos para o acampamento, fiquei um tempo numa fazenda desapropriada, administrada pelos camponeses. Era encarregado de dar-lhes treinamento militar, repassando os ensinamentos que tivera. O armamento disponível eram velhas garruchas, revólveres enferrujados e espingardas de caçar passarinho.

O treinamento de campo foi numa área ao sul do Chile, na pré-cordilheira dos Andes, e consistiu numa marcha através das montanhas. O objetivo era simular, em condições reais, uma segunda coluna guerrilheira que daria apoio ao grupo comandado pelo Chato, que iniciava sua odisseia no Alto Beni. Participavam convidados de outras organizações latino-americanas, dois brasileiros da ALN e um tupamaro. Na marcha, andávamos durante todo o dia com muito peso nas mochilas e apenas parávamos à noite para montar acampamento. Com sentinelas postadas nas montanhas chilenas, em meio a canções revolucionárias latino-americanas, intercalávamos Chico Buarque e samba paulista.

Havia sobrado uma lata de leite condensado e, na guerrilha, o leite condensado tem significado emblemático. Existiam até teses foquistas que demonstravam como a lata, passando de mão em mão, cada um sorvendo o necessário, era a sublimação do princípio marxista de "cada um segundo suas capacidades para cada um segundo suas necessidades". Os paulistas achavam um desperdício deixar a lata abandonada, e tiveram meu apoio para a empreitada: enquanto montávamos guarda no acampamento, saboreamos o leite condensado.

O Exército Chileno preparava o cerco à nossa coluna. A direita chilena, tentando criar um clima que não permitisse a posse de Salvador Allende, tinha assassinado o Comandante do Exército, o general René Schneider, militar legalista que se opôs a uma tentativa de golpe para impedir a posse do presidente. Notícias da imprensa atribuíam o crime a grupos que agiam nas montanhas do sul do Chile, ou seja, à Segunda Coluna do ELN. Antes da retirada, passei por um julgamento por causa da lata de leite condensado, em combate estaria sujeito a ser fuzilado, nas condições concretas em que nos encontrávamos me passaram uma grande carraspana. Meus cúmplices, os companheiros da ALN, se salvaram por pertencerem a uma organização convidada. Nossa saída se deu no meio do maior lodaçal, chovia torrencialmente.

Voltamos para aparelhos urbanos à espera do embarque para a selva. Chiquita, uma venezuelana encarregada da casa onde fomos morar, lembrava com saudades do Luiz, um brasileiro de Santa Maria, que estava na coluna do Chato. O ELN estava sem contato com os guerrilheiros, mas não se sabia ainda de seu aniquilamento. Discutimos se devíamos continuar com a ação programada e ingressarmos no Beni sem qualquer tipo de informação do grupo que já estava atuando. Venceu a proposta de aguardarmos; era absolutamente impraticável e suicida o outro encaminhamento.

Em outubro de 1970, marcado por acontecimentos marcantes, tinha assumido o poder na Bolívia o general José Torres. Torres assumira o governo após uma tentativa de golpe contra Ovando Candia, general que iniciara a fase boliviana do nacionalismo militar ao estilo peruano. É interessante lembrar que Torres e Ovando compunham o triunvirato militar, junto com o presidente

Barrientos, que coordenou as ações contra a guerrilha de Guevara. Esse seleto colegiado foi, dizem, responsável pela decisão do fuzilamento do "Che". O general Torres se aproximara da esquerda marxista, frequentando cursos e seminários universitários. Torres defendia a tese de que, nos países da região, na ausência de uma classe operária significativa, o papel de vanguarda na revolução social estava destinado aos exércitos. O golpe contou com apoio dos sindicatos mineiros e da Central Operária Boliviana. Os mineiros, ocupando La Paz com suas milícias e suas dinamites, impediram o golpe direitista contra Ovando e impuseram o general José Torres.

Os partidos de esquerda exigiam a anistia aos presos políticos. Havia questões delicadas que feriam os brios nacionalistas, os remanescentes estrangeiros condenados pela justiça da guerrilha de Guevara, o argentino Ciro Bustos e, especialmente, o francês Régis Debray. Nos últimos dias de dezembro a anistia se consumou. Anistiado – ficara poucos meses detido –, Chato Peredo, com aparência absolutamente esquálida, contou-nos em Santiago do Chile o drama da guerrilha. Após algumas ações de propaganda armada, passaram semanas e semanas cercados pelo Exército, circunstância que os impedia de buscar alimento através da caça. Durante um longo período do cerco militar, a única alimentação que tinham conseguido era uma cobra morta a facadas. Sem condições de resistir, por absoluta inanição, se refugiaram num povoado de mineiros, no rio Beni. A solidariedade dos garimpeiros e dos camponeses da região salvou-os da execução pelos rangers bolivianos. Entre os mortos da guerrilha figura o nome do brasileiro Luiz Pires de Almeida. Vitor, o estudante paulista que participava comigo nos treinamentos do Exército de Libertação Nacional, consta da relação dos brasileiros desaparecidos.

Com a posse de Salvador Allende, os melhores quadros militares do ELN, muitos vinculados ao Partido Socialista, foram recrutados para o Grupo de Amigos do Presidente (GAP), seleto grupo que fazia segurança ao presidente. Cercado de expectativa e com apoio popular, Allende começa a transição para o socialismo. Aprofundou e radicalizou o processo de reforma agrária iniciado no governo da democracia cristã, nacionalizou as minas, empresas de grande porte e o sistema financeiro.

Com a chegada dos setenta militantes brasileiros trocados pelo embaixador suíço em janeiro de 1971, a VPR se organizou no Chile. Dei baixa no ELN boliviano, que, sem perspectiva de organizar o foco, discutia a nova situação em que se encontrava a Bolívia com os militares nacionalistas no poder. No mosaico em que estava se transformando a colônia brasileira no Chile, faziam-se presentes todas as organizações de oposição à ditadura.

Integrei-me à VPR: os eternos cursos de sabotagem, como fazer fórmulas de explosivos com café, erva-mate ou outros gêneros do armazém. No aparelho da Santa Rosa, onde estava, só faltava fazer teste nuclear. O Paulo Franck acalentava um projeto, com o maior carinho: construir uma bazuca. A VPR tinha dois ou três aparelhos no Chile, onde circulavam algumas dezenas de brasileiros e alguns tupamaros. No interior da organização repetia-se o grande racha da primeira VPR: uma ala militarista extremada, cujo maior expoente era o Onofre Pinto, e uma ala mais política, liderada pelo estudante de Medicina mineiro Ângelo Pezutti. Onofre Pinto tem seu nome na relação dos desaparecidos brasileiros. Angelo Pezutti morreu no exílio, num acidente de moto, em Paris.

Participei de um episódio junto com João Carlos Bona Garcia, Paulo Franck e o capitão Vanio Matos que demonstra bem o estado de espírito do coletivo que integrava a VPR no Chile. Para quebrar a monotonia, com a desculpa de conhecer as passagens andinas que levam do Chile a Argentina e realizar exercícios de tiro, fizemos uma incursão à cordilheira. Viajamos numa "Citroneta", uma pequena caminhonete, até a pequena cidade de Talca, ao pé da cordilheira. Seguimos com o carro até o fim da estrada que subia a montanha e prosseguimos a pé. Não levávamos equipamentos sofisticados, sequer tínhamos mapas topográficos da região. Avançamos na escalada por entre áreas cobertas com neve até alcançarmos o topo das montanhas. A visão dos Andes com suas montanhas geladas é grandiosa. Dormimos e contávamos com nossas pegadas na neve para refazermos o caminho de volta. A nevasca noturna cobriu totalmente nossos passos e ficamos perdidos na imponente cordilheira em meio a suas neves eternas. Quanto mais andávamos, subindo e descendo montanhas, mais nos desorientávamos. Após três dias, encontramos marcas de cascos de cavalo na neve. Sabíamos que onde nos encontrávamos era passagem de contrabando entre o Chile e Argentina. Como os caminhos das montanhas são sinuosos, não bastava apenas a simples orientação de uma bússola para encontrarmos o rumo correto. A intuição do Bona funcionou e conseguimos regressar ao ponto de partida. Encontramos a Citroneta estacionada.

A VPR no Brasil estava praticamente destruída, sobravam pouquíssimos companheiros que trocavam documentos políticos entre os aparelhos. Lamarca foi para o MR-8, que lhe acenou com a organização do foco guerrilheiro no campo. Em setembro, era assassinado, nos sertões baianos. Os militantes que regressavam eram rapidamente localizados pela repressão e assassinados. Os canais que a VPR tinha com o Brasil estavam infiltrados pela repressão. Nesse quadro, recebemos a missão, o Paulo Franck e eu, de organizar um ponto de passagem na fronteira Brasil-Bolívia.

O porto de Arica no Pacífico do ano de 1971, para onde nos dirigimos, era uma festa. Jimi Hendrix e Janis Joplin eram reverenciados.

Dezenas de jovens hippies, muita marijuana, paz e amor. E nós, em missão revolucionária. Cabelos curtos e nada de barba para não chamar a atenção. Maconha nem pensar. Sobrava-nos encher a cara. De Arica, situada junto ao mar, a La Paz, no Altiplano, viaja-se num avião que só sobe: "Chegamos ao aeroporto de El Alto, 4.000 metros de altitude". Outra opção é um trem de contrabando, que vence a cordilheira com cremalheiras. Chegamos a La Paz em meio a uma ameaça de golpe contra o general Torres. Na paisagem lunar de La Paz, no meio da noite, viajo num jipe da Confederação dos Mineiros Bolivianos: "Hermanito, apaga el cigarrillo". Debaixo do banco do jipe, uma carga de dinamite que deveria arrasar um quarteirão. "Hermanito" era a forma carinhosa com a qual os mineiros bolivianos se tratavam, em vez dos tradicionais "camarada" ou "companheiro".

A Bolívia de então era um cenário de filmes de espionagem, movimentos revolucionários, agentes de informação de diferentes nações coordenadas pela CIA e, é claro, hippies de todo o mundo, principalmente europeus. O apoio dos trabalhadores a Torres foi acompanhado da exigência da formação da Assembleia Popular, fórum que reunia sindicatos operários, associações de camponeses, representantes de profissionais liberais e dos partidos revolucionários. Estávamos no auge da Guerra Fria, era impossível imaginar o cenário que o final dos anos 1980 e início dos 1990 nos traria. O Vietnã estava levando o poderoso Estados Unidos da América ao impasse. Para chegar a Santa Cruz, havia ônibus velhos, que rodavam no meio de despenhadeiros infindáveis, e um avião, que desafiava todas as leis da aerodinâmica.

Viajamos de jipe até a fronteira boliviana com Corumbá, fazendo levantamento fotográfico da região. Repetimos o percurso, viajando no Trem da Morte, dormindo em redes estendidas em vagões de carga. Durante o dia, todos os passageiros iam para cima do trem para suportar o calor, e tínhamos um ponto de observação excelente para fotografar. Na volta a Santiago, com o estudo fotográfico a tiracolo, a alternativa de passagem foi aprovada. Decidimos abrir um bar em Santa Cruz de La Sierra, que serviria como fachada legal e ponto de referência para o transbordo de companheiros ao Brasil. O dono seria um boliviano que se integrou à VPR. Compramos madeira e nos propusemos a construir todos os móveis. Com serrotes, garrafas de dry martini e um garrafão de azeitona, nos pusemos a trabalhar. Em pleno agosto de 1971, quando já havíamos terminado de cortar todas as madeiras, transformando-as em pés e tampos de mesas, cadeiras, armários e balcão, o repicar do sino da igreja e o cheiro de gás lacrimogêneo nos chamou a atenção. Pouco depois, escutamos ruídos que pareciam ser tiros. Uma massa de chumbo amassada que caiu em nosso pátio – estávamos a três quadras da praça central onde os fatos aconteciam – confirmou-nos a seriedade do episódio. Um grupo de senhoras católicas alojadas na igreja tocava freneticamente os sinos, chamando a rebelião contra o governo comunista do general Torres. Havia começado o golpe de Hugo Banzer contra Torres.

O ELN resistiu na Universidade de Santa Cruz. As dezenas de mortes eram divulgadas como de "cubanos" infiltrados. Com o foco de resistência aniquilado, os golpistas comemoraram a vitória num comício na praça central. La Paz e outras cidades ainda lutavam contra o golpe. Num claro apoio da ditadura de Médici ao golpe em andamento, o ato contou com a presença do cônsul brasileiro. Em meio aos discursos de políticos e militares, uma bomba explodiu no palanque. Simultaneamente, populares e curiosos ficaram entre o fogo cruzado de franco-atiradores e das tropas golpistas. O cônsul brasileiro ficou cego de um olho. A torre de transmissão da Rádio Santa Cruz era o epicentro golpista para todo o País. Junto a bolivianos amigos, sonhamos com um atentado que fizesse voar a torre. Para tal finalidade, dispunham de dinamite, coisa abundante na Bolívia mineira, mas não de armas em mínimas condições de enfrentar o moderno armamento das tropas que protegiam a emissora.

Com o golpe triunfante em Santa Cruz, a primeira providência era retirar o Paulo Franck. Fiquei mais alguns dias e também viajei para La Paz. Cheguei um dia após a queda da Universidade, último bastião de resistência. As paredes estavam rendadas pela metralha da artilharia aérea usada para desalojar os estudantes que resistiram. Nosso contato boliviano andava pelas ruas de La Paz com desenvoltura, ninguém diria que tinha uma bala alojada no osso da bacia. A bala, contava-nos, era uma recordação do assalto ao quartel de Miraflores, que quase haviam tomado. A tentativa de tomar Miraflores e outras refregas deixaram um saldo de mais de duzentos mortos. O próprio filho de Torres morreu combatendo à frente do batalhão Colorado. Foi, dos golpes militares, um dos que teve maior resistência popular e, segundo os protagonistas, faltou pouco para que virassem o jogo.

Fiquei numa casa em El Alto, perto do Aeroporto, durante uma semana. La Paz, afora a presença ostensiva de veículos militares e tropas, retomava seu ritmo. No mercado negro, nas ruas atulhadas de camelôs e pequenos comércios, onde vendiam artesanatos, carne de lhama seca ao sol, artigos de contrabando de todos os tipos e montanhas de folhas de coca, os descendentes dos incas continuavam seu comércio, com olhos enigmáticos e dentes esverdeados. As "cholas", com suas vestimentas típicas, deslocavam-se pela cidade, fazendo suas necessidades em qualquer ponto que a fisiologia exigisse. Retornei ao Chile, cruzando o Lago Titicaca até o Peru e rumei a Arica, onde me reencontrei com Paulo Franck. Com a repressão que se seguiu, a base de apoio de Santa Cruz foi desativada e o boliviano se integrou aos aparelhos da Organização no Chile.

Saindo e entrando de aparelhos, não tinha muito contato com os brasileiros asilados. Bastava, porém, caminhar pela Alameda e pelas ruas do centro para encontrar conhecidos. Estavam em Santiago o Herédia, o Taradinho, o Jorge Alberto Basso, a Nice, o Jaime, a América e Nilton Rosa, o Bem-Bolado, entre tantos outros de andanças pelo Bom Fim. A colônia brasileira no Chile de Salvador Allende, no final do ano de 1971, certamente deveria passar de 10.000 pessoas. Para o Onofre Pinto, da VPR, não passavam de uns desbundados, ele achava que tinha de ser executado um plano terrorista contra a colônia. Defendia o sistema argelino, que consistia em cortar uma das orelhas dos vacilantes.

Minha próxima tarefa era estabelecer-me na fronteira Uruguai-Brasil e criar uma base de apoio sem contar com os brasileiros asilados no Uruguai. Para tanto, dispunha de mil dólares e de uma máquina fotográfica. Abandonava o Chile num momento em que a conspiração golpista contra o governo de Frente Popular já estava em andamento. Os gêneros de primeira necessidade eram racionados, e as donas de casa chilenas batiam panelas, algumas reluzentes e recém-adquiridas nos supermercados. O movimento fascista Pátria e Liberdade, cópia chilena da nossa conhecida Tradição, Família e Propriedade (TFP), fazia proselitismo e atos de vandalismo contra entidades e políticos do campo popular.

Pouco antes de meu embarque, passeando com uma amiga chilena no Cerro San Cristobal, parque urbano no centro de Santiago, falei de meus temores a respeito do futuro do governo de Allende. Militante do Partido Comunista Chileno, me olhou com a superioridade dos representantes da classe operária em frente ao pequeno-burguês vacilante. Não passariam, o Exército chileno era profissional, a organização popular e os sindicatos derrotariam qualquer tentativa de golpe. Deixava o Chile da Penha dos Parras, com sua música, suas empanadas e vinho tinto, pressentindo os acontecimentos de setembro de 1973.

No início de 1972 estava em Montevidéu, numa pensão. Revi minha família. Eram tempos bicudos, governo Médici, época do "milagre econômico". As notícias do Brasil e de Porto Alegre eram desoladoras. Na verdade, eram épocas, e já fazia tempo, em que vivíamos com a morte na alma.

Pouco depois, ia para Rivera. O Uruguai de Juan María Bordaberry não era um país tranquilo. A guerrilha encontrava-se no auge, e a repressão começava sua escalada, com o Exército centralizando as operações. Tentei, durante alguns meses, me estabelecer como fotógrafo. Tinha comprado um amplificador e equipamentos para revelação. Certamente, estava muito longe de ser um profissional bem-sucedido. Trocava correspondências codificadas com a VPR. Estabelecer-me em Rivera, construir uma infraestrutura para permitir a passagem de militantes, sem nenhum contato e sem dinheiro, revelou-se uma tarefa impossível. Por volta de junho, me convenci da inviabilidade de minha missão naquelas condições e retornei a Montevidéu.

Meu contato com a colônia de brasileiros foi inevitável, e me ajudou, pois meu sentimento de isolamento era muito grande. Continuei minha carreira de fotógrafo e me associei a um boliviano, estudante de Engenharia. Comecei a frequentar a universidade, o que me deu direito à comida do restaurante universitário, boa e barata.

Continuava em contato com a VPR. Com a abertura política na Argentina, a Organização tinha um endereço para o qual eu podia enviar correspondência em Buenos Aires. No início de 73, a pensão onde eu morava foi vasculhada pela polícia uruguaia. Soares Netto tinha um contato com o Ministério do Interior, utilizado quando algum esquema do Partido Comunista era confundido com aparelhos tupamaros. Por insistência de Soares Netto, tive uma entrevista com o subsecretário do Ministério. Ficou claro que eles tinham interceptado minha correspondência com a VPR, aliás nossos códigos eram da época de Lavoisier, mensagens escritas com limão ou permanganato de potássio, cartões-postais no interior dos quais colocávamos mensagens ou dinheiro.

As notícias do Brasil eram as piores possíveis. O Ico passara por Porto Alegre, proveniente de Cuba, e tinha desaparecido. Nunca mais tinham tido notícias dele. Os militantes da VPR que entravam no Brasil eram exterminados. Particularmente desastrosa tinha sido a tentativa de implantação da Organização no Nordeste, onde a traição do cabo Anselmo levou todos à morte. Do Movimento de Libertação Popular (Molipo), dissidência da ALN, cujos quadros retornaram ao Brasil, sobraram apenas poucos militantes. Entre os mortos do Molipo, figura o nome de Jeová de Assis Gomes. Jeová foi nosso primeiro contato, meu e do Luiz Eurico, com a luta armada que se organizava em São Paulo no início do ano de 1968. Definitivamente, estava convencido da inutilidade de nosso sacrifício. Viajei a Buenos Aires, contei para o Bona Garcia e outros companheiros minha precária situação em termos de segurança, e avisei que, por mim e pela Organização, eu estava me afastando.

Rompi definitivamente com o foquismo. Resolvi viver no Uruguai, como uruguaio. Estudava, trabalhava e era militante de massa. Comparecia aos atos e até fazia segurança nos comícios da Frente Ampla, junto a meu Sindicato, tudo dentro da legalidade possível.

A repressão no Uruguai ia em uma escalada crescente. O presidente era apenas um testa de ferro para as "Forças Conjuntas", unificação sob o comando do Exército, de toda a repressão. As prisões se avolumavam. Os Tupamaros tiveram sua logística urbana destruída. Foram descobertas as "Cárceres do Povo", o "Hospital do Povo" e diversos arsenais com milhares de armas. Os aparelhos da Organização eram normalmente subterrâneos, verdadeiras obras primas da engenharia subversiva. Na televisão, o "Comunicado de Las Fuerzas Conjuntas" todas as quartas-feiras desfilava dezenas e dezenas de nomes dos novos presos e dos "requeridos". No final de junho de 1973, o golpe consumou-se, com a dissolução do parlamento. Corremos à Avenida Dezoito de Julho, fomos cercados na Universidade, organizou-se a greve geral. A greve geral foi a resposta da Frente Ampla e do movimento sindical ao golpe que já se esperava. Durante muitos dias, os locais de trabalho ficaram ocupados e as atividades paralisadas. Um símbolo dessa luta foi a Ancap[19], única refinaria do Uruguai. Quando a Ancap estava funcionando, havia uma chama numa torre, que indicava a existência de processamento de petróleo em seu interior. A chama apagada era a esperança de todos os que lutávamos contra os golpistas.

Alguns meses depois, em setembro, o golpe de Pinochet, com o bombardeio de La Moneda e o assassinato de Allende, terminava com a esperança do socialismo democrático no Chile. Muitos brasileiros encontraram abrigo nas embaixadas. Outros, como o Herédia, foram presos e encaminhados para o Estádio Nacional. Quase todos iriam conseguir asilo na velha Europa da social-democracia. O capitão Vanio de Matos, da VPR, morreu na prisão em Santiago.

A América Latina dos generais fechava o cerco. A Universidade Uruguaia reabriria com soldados do Exército, que exigiam

---

19. Administración Nacional de Combustibles, Alcoholes y Portland, empresa estatal de petróleo do Uruguai.

a identidade na entrada a cada estudante. Os sindicatos foram ocupados, muitos transformados em delegacias de polícia. Igual destino tiveram entidades culturais de qualidade reconhecidas, como o Teatro El Galpón.

À caçada aos grupos de luta armada, já seriamente desarticulados à época do golpe, se seguiu a perseguição a toda a esquerda e aos movimentos populares, particularmente ao Partido Comunista Uruguaio. Milhares de prisões. Ao contrário do Brasil, onde apenas uma parcela das Forças Armadas participou diretamente da repressão, no Uruguai quase todos os quartéis, quase todos os oficiais e soldados viram-se envolvidos nesta tragédia. Trabalhei um tempo numa metalúrgica que tinha muitos operários que haviam sido soldados. Muitos tinham participado de sessões de torturas. Um alcançava o preso algemado e com capuz, outro enchia com baldes um tanque de 200 litros, onde submergiriam o prisioneiro. O terror de Estado num país pequeno, com dois milhões e meio de habitantes, a metade em sua capital Montevidéu, foi total. Sobrava a resistência dos bairros, a solidariedade às famílias e reunir-nos para dizer que ainda estávamos vivos e que o futuro ainda era possível.

# Da Noruega ao Bom Fim

Ao posicionar-me criticamente em relação ao processo de luta armada que se disseminou pelos países do Cone Sul, não questionava minhas referências maiores. Não havia perdido meu norte, em termos conceituais, o marxismo, e, no plano político concreto, a construção da sociedade socialista. A crise, pelo contrário, me levaria de volta à matriz original, os partidos comunistas.

Enquanto no ano de 1975 o SNI me via na base naval de Nor-Shiping em Oslo, na Noruega, eu estava em Montevidéu na Rua Duvimioso Terra. Lá, tínhamos uma mesa de truco, carteado que se joga com o baralho espanhol, à base do blefe, onde se faziam representar todos os espectros políticos da esquerda uruguaia. O Uruguai tem coisas muito boas. Uma delas é que os garrafões de vinho são de dez litros. Dê-lhe vinho tinto, a língua preta, as risadas e as cartas! Entre os jogadores, o Joselo, militante comunista do sindicato dos petroleiros; o Eduardo, estudante de Economia do Movimento 26 de Março; o padre Maurício, com ligações históricas com os Tupamaros; a Martha, estudante de Serviço Social, e sua colega Isabel; o Rubens, trabalhador comunista, e a Mary, esposa de um médico preso no Penal de Liberdade.

Em meio ao envido, flor, truco e retruco, vale quatro, notícias cada vez mais desanimadoras: as prisões dos comunistas no Brasil, a queda da gráfica da *Voz*[20]. A partir de 1975, com a destruição das organizações armadas, a ditadura concentrou seus esforços contra o PCB, que articulava a frente oposicionista em torno do MDB. A promessa de distensão de Geisel era acompanhada pela continuidade das torturas e dos assassinatos de Herzog e de Manoel Fiel Filho. Em 1976, os militares uruguaios depuseram Bordaberry, e o ciclo peronista, que havia começado com Héctor Cámpora respeitando os direitos humanos, terminava no pesadelo do governo de Isabelita Perón. Jorge Videla e a junta militar iniciaram a tarefa de "Reconstrução Nacional" com milhares de assassinatos. O horror argentino fazia chegar dezenas de corpos nas margens do Rio da Prata. As autoridades atribuíam a brigas em pesqueiros coreanos os olhos semicerrados dos corpos inchados pela maresia. E como existiam pesqueiros coreanos e motins nas suas viagens! O Brasil, o Uruguai, a Argentina, o Chile e a Bolívia, para não falarmos do Paraguai de Stroessner, viviam debaixo dos coturnos militares. No Cone Sul da América, eram muitas as casas onde o medo assomava a cada ruído mais brusco de um automóvel na rua ou ao atender a campainha no meio da noite.

Luís Goulart conseguira a prescrição da pena do único processo em que o Ico e eu fôramos condenados: pela tentativa de reabertura do Grêmio do Julinho. No processo da ALN, onde estávamos indiciados, não fomos condenados por falta de provas. Geisel, após a morte de Manoel Filho, destituíra o todo-poderoso Comandante da Segunda Região Militar, e reafirmava a abertura lenta e gradual com os comunistas proscritos e exilados. A mesa

---

20. Voz Operária, periódico e porta-voz do PCB criado em 1949. Circulou clandestinamente durante a ditadura militar.

de truco começou a desfalcar por sucessivas prisões. Levaram a Isabel, que o pai conseguiu retirar; levaram o Joselo; levaram o Eduardo, e nem o deus do padre Maurício conseguiria retirá-los. O padre Maurício e o Rubens sumiram prudentemente por uns tempos. Eu sabia que podia ser o próximo jogador, era questão de paciência, a hora ia chegar. Voltei no final de dezembro de 1977, antes da anistia.

A gota d'água foi o assassinato de Myriam, esposa de Edmundo Soares Netto. O deputado Soares Netto tinha falecido num fulminante ataque cardíaco numa sessão do Parlamento Uruguaio, pouco antes do golpe, lutando da maneira que sabia, discursando contra o arbítrio da ditadura que se desenhava. Lembrava com remorso de quando Myriam, pessoa extremamente gentil e delicada, pediu-me, em certa ocasião, para que fizesse um pôster de um Cocker Spaniel que adorava. Sectário, me neguei, achava um desvio pequeno-burguês. Myriam foi presa por integrar o setor de finanças do Partido Comunista. Torturada, com hemorragias, foi internada num hospital para morrer. Na casa de Myriam e Soares Netto estava toda a minha documentação, principalmente o passaporte. Não havia mais o que esperar. Poucos dias depois que saí do País, a Marinha uruguaia foi à minha procura.

Fiquei esperando no casarão da Santo Antônio a visita do Dops. Passaram lá como para verificarem se havia chegado, mas não me prenderam ou citaram para depoimento. Fui revendo os amigos: o Minhoca, o Cesar, o Calino, o Vladimir Ungaretti. Reencontrei a Suzana, que voltava de uma longa clandestinidade. Confirmou-me que o Ico estava desaparecido. Eu tremia como vara verde, num misto de imensa revolta e culpa, algo sem explicação lógica, mas muito forte. Pouco depois, falecia minha mãe. O Minhoca e o Cesar perdiam num acidente de trânsito a irmã e o cunhado Atanásio Orth, ex-militante da VAR-Palmares.

O esgotamento da ditadura era algo que se sentia, os movimentos se reuniam e exigiam anistia ampla, geral e irrestrita. As mulheres, valentes mulheres, estavam à frente. Suzana assumiu a luta pelos mortos e desaparecidos. Judia, transformou-se num Simon Wizenstall de saias, dedicaria sua vida a essa missão. Em 1979 se conquista a anistia. Não tão ampla geral e irrestrita como queríamos, mas que terminou permitindo que todos voltassem e saíssem das prisões. A ditadura se arrastaria ainda até 1985, não sem antes seus setores mais duros realizarem os criminosos atentados contra o Riocentro e a OAB no Rio de Janeiro, assim como inúmeros outros atos de violência menores por todo o Brasil. Todas as ditaduras do Cone Sul desapareceram em meio à incompetência e à corrupção. O enterro do autoritarismo foi precedido da repulsa popular e de grandes manifestações populares, como as "Diretas Já" no Brasil. Na Argentina, o general Galtieri, cheio de uísque, levaria ainda milhares de jovens recrutas à morte no inferno das Malvinas, onde os torturadores se renderam sem lutar. Deixaram uma terrível sequela de crimes contra a dignidade e os direitos humanos.

As ditaduras ceifaram na América Latina os melhores filhos de uma geração, condenando-nos a décadas de atraso cultural e social. As torturas, os estupros, os assassinatos, a angústia e a loucura a que tantos sucumbiram são uma afronta a qualquer homem ou mulher com um mínimo de sensibilidade. Os números da barbárie são impressionantes e são especialmente dolorosos para quem, atrás das cifras, vê os rostos daqueles com quem conviveu. Talvez tão perversas quanto as aberrações sejam as questões do cotidiano que não se consegue mensurar, aquelas coisas que apequenam a alma de uma nação. A França, recentemente, horrorizou-se diante da extensão do colaboracionismo com os alemães durante a Segunda Guerra. E eram forças de ocupação, estrangeiros, e ficaram poucos anos. O que dizer de um regime autoritário formado por brasileiros, com fortes estruturas políticas e institucionais e que durou 21 longos anos? Dei-me conta disso numa cerimônia no Julinho no ano de 1998, quando nos vimos junto àquele que foi diretor do Colégio no período 1967/1968. É, para muitos, um bom professor e recebe o carinho de muitos ex-alunos. Percebi, naquele momento, que o diretor, sem dúvida um conservador, era mais uma vítima das circunstâncias do que um vilão. Para nós, porém, será sempre alguém que cedeu às pressões da ditadura e cujos atos tiveram consequências.

Só da nossa turma do Julinho de 1968, morreram três estudantes. O Ico foi assassinado em São Paulo, o Bem-Bolado no Chile e o Jorginho na Argentina. Ico foi para São Paulo buscar contatos com a ALN e Suzana ficou em Porto Alegre. Haviam chegado de Cuba, onde participaram de treinamento militar. Desapareceu em setembro de 1972. Só muitos anos depois, já na década de 1980, é que Suzana conseguiria montar partes do quebra-cabeça do seu desaparecimento. Ico foi fuzilado numa pensão no bairro paulistano da Liberdade. A ditadura tinha nessa época uma política de eliminação. Já tinham tantas informações das organizações de esquerda que prender era detalhe. Matavam. Ico foi enterrado no Cemitério de Perus com o nome falso de Nelson Bueno. Foi o primeiro desaparecido brasileiro cujo corpo foi descoberto.

Nilton Rosa, o Bem-Bolado, foi assassinado numa manifestação no Chile, no ano de 1973, por grupos paramilitares da direita golpista. O Bem-Bolado, poeta, teve um enterro grandioso, com milhares de populares e bandeiras dos partidos de esquerda de um país que ama a poesia. Virou nome de uma Población, como se chamam as vilas irregulares chilenas.

Jorginho, Jorge Alberto Basso, integra o imenso drama dos trinta mil mortos e desaparecidos na Argentina. Foi preso num hotel no centro de Buenos Aires, no ano de 1976, e jamais sua mãe, dona Sara, e seus amigos tiveram notícias dele. Militava no Partido Revolucionário dos Trabalhadores e escrevia para revistas de esquerda. A tragédia dos mortos e desaparecidos continua pesando sobre nossas consciências.

Em maio de 1999, quando estou terminando este texto, o generalíssimo Pinochet amarga em Londres prisão domiciliar, no aguardo de sua extradição para a Espanha. Para a opinião pública internacional, a Doutrina de Segurança Nacional comparece como ré nos tribunais por crime contra a humanidade.

Como me disse um companheiro, parafraseando a letra da música *Soy loco por ti, América*: quase todos morreram "de susto, de bala ou vício". Sobrevivemos. Muitos nos encontramos e, às vezes, recordamos esses tempos e, é incrível, até com nostalgia. Sabemos que nosso passado, apesar das trapalhadas, faz parte da saga do povo brasileiro pela reconquista das liberdades. Quase todos militamos em partidos de esquerda e buscamos, por caminhos e tribos diferentes, reconstruir o sonho.

# Mais além de Nor-Shipping[21]

A partir do final dos anos 1980 é que se tornaria clara toda a crise do projeto de esquerda. Em 1989 caiu o muro de Berlim, símbolo da divisão dos mundos capitalista e socialista. Em 1991, era a própria União das Repúblicas Socialistas Soviéticas que desabava. Sonhos generosos que acompanharam diversas gerações, inclusive a nossa, desmancharam-se no ar.

Desde o Manifesto de 1848, os marxistas construíram seus projetos a partir de alguns pressupostos. O primeiro era que o agente das transformações era o proletariado, entendido principalmente como o operário fabril assalariado e concentrado em grandes unidades produtivas. O proletariado como classe universal que nada tinha a perder, ao romper seus grilhões, libertava toda a humanidade. O segundo era que a classe universal só tinha consciência de seu papel histórico organizada em partido político, o partido da classe operária. Por último, ao contrário de todos os anteriores sistemas econômicos, onde novas formas e relações de produção nasciam no seio do velho sistema, o socialismo só

---

21. O texto deste capítulo foi atualizado pelo autor para esta edição.

seria possível com a conquista do poder do estado pelo Partido. A conquista do poder implicava o controle coletivo da propriedade dos meios de produção pelo estado operário e seu partido. Este processo seria quase sempre violento pela oposição dos detentores do poder e das propriedades. A conquista do poder político seria seguida de uma fase de transição, chamada de ditadura do proletariado, em que as liberdades burguesas seriam suprimidas. O leninismo é continuidade e ruptura com esses pressupostos. Lênin, no *O que fazer* como em *Um passo à frente, dois atrás*, prega a tomada do poder por um partido de revolucionários profissionais, vanguarda da classe operária, altamente centralizada e com disciplina militar. A eficiência do partido leninista para tomar o poder em sociedades fundamentalmente agrárias e autocráticas ficou demonstrada com o assalto ao Palácio de Inverno em São Petersburgo.

Nos países ocidentais com sociedades complexas, sistemas de freios e contrafreios nas relações políticas e sociais, a realidade foi diferente. Surge o que eu denominaria a "crise da impossibilidade". A conquista do poder do Estado pelo assalto ao Palácio de Inverno é impossível. O Estado, nas sociedades ocidentais, possui sólidas casamatas na sociedade civil. Trata-se de um luta de posições, o partido, "o moderno príncipe", deve disputar a hegemonia na sociedade. O partido disputa a hegemonia no campo cultural e educativo, num processo de longo prazo, fazendo o "bom senso" se impor ao "senso comum". Essas tarefas só serão possíveis com a construção de um agente bem mais amplo que o proletariado, o "bloco histórico". A Internacional em seu VII Congresso, ao adotar a tese da frente única de Dimitrov, convalida essa visão. A direção do processo, seja do bloco histórico, seja da frente única, estava, porém, sempre reservada ao partido operário.

Essa dicotomia entre uma visão da conquista do poder de assalto e outra processual e democrática esteve presente em todo o movimento socialista e comunista em nosso século, e o PCB a viveu intensamente. Talvez como em nenhum outro partido no mundo essas duas almas conviveram no mesmo corpo por tanto tempo. Em 1950, com o *Manifesto de Agosto*, a alma do assalto ao poder triunfou. Em 1957, com a *Declaração de Março*, a alma democrática prevaleceu. As duas, porém, sempre coabitaram. A crise foquista foi a "crise da impossibilidade negativa". A ditadura, a vitória da Doutrina de Segurança Nacional, tinha suprimido a democracia e o Partido não era mais o instrumento da revolução, do assalto ao Palácio. O foquismo foi a crítica mais radical ao "partido de novo tipo". O trotskismo e o maoísmo, para falarmos de duas cisões significativas do movimento comunista, sempre se mantiveram no figurino leninista, buscavam apenas retomar o caminho correto, abandonado pelos revisionistas. Burocratas e traidores. O foquismo foi crítico em relação ao partido leninista, com suas hierarquias e sua inevitável tendência à burocratização, ao obreirismo e ao alinhamento automático com Moscou. Sua afirmação foi, porém, desastrosa. O centralismo democrático foi substituído pela disciplina militar, a política foi reduzida à opção das armas. No seu limite, o foquismo manifestava a crise do partido leninista em termos amplos, que culminaria no final na década de 1980. Só isso explica a influência do foquismo em contextos tão diferenciados e distantes da América Latina, como a Alemanha, a França, a Itália e os Estados Unidos, de uma teoria baseada numa forma de luta específica do Caribe.

A trinta anos da morte do Che, do Guevarismo continua válida sua indignação perante a humilhação e exploração contra todo e qualquer ser humano. Vale a pena resgatar sua crítica às estruturas corporativas que perdem a noção do conjunto dos oprimidos. Não temos, porém, como esconder o primarismo político de muitos dos seus postulados, o voluntarismo que desprezava dados da realidade objetiva e o militarismo de suas posturas. Isso vale para nossa turma do Julinho, assim como para muitas das experiências guerrilheiras tentadas em diversos países, principalmente no cone sul da América Latina. E não foram poucas, se por foquismo entendemos a prática de todos os grupos que optaram pela luta armada. O foco guerrilheiro no campo, ao estilo cubano, apesar de todas as tentativas, revelou-se absolutamente inviável no subcontinente. Não questiono a legitimidade daqueles que usaram a violência contra o terror do Estado, como no caso brasileiro ou da Frente Patriótica Manoel Rodriguez contra a ditadura chilena. Apenas constato a sua trágica inutilidade.

O foquismo produziu aberrações como a Vanguardia Obrera Popular (VOP), pequena organização chilena que teve o apoio da VPR em sua organização. A semelhança do nome com a VPR não é casual, aliás na origem da VPR um setor defendia esse nome para a organização. O crescimento da VOP se deu no início do governo de Unidade Popular, realizando desapropriações e atentados. Foram cercados e dizimados pela polícia, que tinha os socialistas chilenos na sua direção. Alguns dirigentes da VPR no exílio foram presos e duramente reprimidos. No mês de julho de 1970, um dos últimos integrantes da VOP, com o corpo recoberto com cartuchos de dinamite, entrou no Palácio da Polícia se explodindo e levando consigo alguns agentes da polícia.

A própria odisseia do Che na Bolívia foi heroica e trágica, mas impossível. A continuidade da saga guevarista na Bolívia deu-se através dos irmãos Peredo e culminou com o foco em Teoponte. Uma centena de estudantes e operários com treinamento precário enfrentou o Exército Boliviano a um custo elevadíssimo. Entre os assassinados pelo Exército Boliviano consta o brasileiro Luiz Renato Pires Almeida.

Vencer as imensas barreiras e desigualdades sociais no mundo e em nosso tão injusto País é tarefa associada com a causa da democracia. Novas formas de participação, seja através de conselhos ou outras instâncias participativas, populares e cidadãs, demonstram-se meios importantes no avanço social. Não há outro caminho. Em meio a uma crise mundial sem precedente, é também cada vez mais claro que o mercado não resolverá os problemas da humanidade.

O fim da pré-história implica, necessariamente, o abandono da violência e das guerras como extensão da política. Estamos longe disso. O dilema tão caro aos socialistas, barbárie ou civilização, certamente voltará a colocar-se repetidamente. Assim como na Europa da década de 1930, onde o nazismo se desenvolveu na Alemanha da social-democracia operária, foi na Argentina, escolarizada e culturalmente rica, que a Doutrina de Segurança Nacional cometeu seus maiores crimes.

Nenhum outro partido comunista sofreu tanto as consequências da crise foquista quanto o PCB, que se esfacelou em diversos grupos e perdeu praticamente toda a sua juventude. À crise de 1967, com a fragmentação do PCB, seguiu-se a implacável repressão da ditadura. Antes da abertura, era a única organização de esquerda que mantinha seu caráter nacional e tinha inserção real no processo político brasileiro. Militei no PPS, herdeiro do velho PCB, por decisão congressual. Pesou na minha decisão a compreensão de que, no essencial, o Partido estava correto na postura política a adotar durante os anos de chumbo. Nos dias de hoje, quando mais que nunca tudo é sólido se desmancha no ar, temos pela frente um grande desafio na reconstrução de paradigmas e categorias que garantam valores como solidariedade e igualdade. O furacão do final dos anos 1980 ampliou "a crise da impossibilidade". Se questiona não apenas a via para o socialismo, mas todo o seu processo. O socialismo autárquico do partido único, do estado presente em tudo e da ausência de liberdades civis transformou-se de sonho em pesadelo. A mais grave consequência foi a produção de multidões alienadas e sociedades desarticuladas. A democracia deixou de ser um caminho e constitui o meio e o fim.

Esta travessia não foi isenta de tempestade. Antes de afirmar estes princípios, a luta entre as duas almas do PCB expulsou, no início da década de oitenta, os euro-comunistas, que teriam suas teses tardiamente reconhecidas. Ao lado da crescente valorização da democracia, o Partido seguiu fiel à Pátria do Socialismo até seu desmantelamento. Saí do Partido e hoje participo das frentes populares que viabilizaram o crescimento da esquerda e do Partido dos Trabalhadores. No Rio Grande do Sul, as eleições de Olívio Dutra e depois de Tarso Genro como governadores mostraram a viabilidade da esquerda no estado e no país.

O PT é rompimento e continuidade dos processos e dilemas do Partidão, de onde provém parte de seus quadros dirigentes. No seio do PT também coabitam duas almas. Por um lado, é um Partido que rompeu com estruturas esclerosadas e convive na pluralidade de opiniões. Seus governos se diferenciam do clientelismo e fisiologismo habituais das administrações das nossas agremiações políticas tradicionais. Na outra alma, uma parte do PT vê com desconfiança aquilo que chama de democracia burguesa.

Persistem em setores da esquerda visões finalistas e de construção do socialismo segundo o figurino clássico. Contrapõem, por exemplo, democracia direta à democracia representativa. A mesma informática que oculta arquivos políticos pode cumprir importante papel para tornar mais transparente a gestão pública e criar novas formas de participação. A democracia na forma que a conhecemos deverá ter modificações com o devenir histórico. Negar, porém, princípios como a separação de poderes, o respeito aos direitos humanos, a liberdade de manifestação e de expressão, a livre organização partidária e eleições é um erro que tende a reproduzir experiências fracassadas e, não raro, trágicas. Como todos os sistemas anteriores, também no caso do capitalismo sua superação, o surgimento de novas formas e relações de produção, se dará no seio do velho sistema. Certamente o agente dessa transformação é muito amplo e compreenderá homens e mulheres que tenham contradições com um sistema que degrada a natureza e aos homens e mulheres de nosso Planeta. A construção deste novo referencial teórico é nosso grande desafio. Buscamos um norte bem além do Porto de Nor-Shipping dos arapongas do SNI.

Este livro foi confeccionado especialmente
para a Editora Meridional Ltda.,
em Chaparral Pro, 11,5/15 e
impresso na Gráfica Odisséia.